NOUVEAU VIARD

DES ENFANS,

OU VRAIS PRINCIPES DE LECTURE, D'ORTHOGRAPHE, ET DE PRONONCIATION FRANÇAISE,

PAR MM. VIARD, ET LUNEAU DE BOIS-GERMAIN,

CORRIGÉS ET AUGMENTÉS DE LA GRAMMAIRE FRANÇAISE, D'UN ABRÉGÉ D'ARITHMÉTIQUE, D'ASTRONOMIE, DE GÉOGRAPHIE, D'HISTOIRE SAINTE, D'UN TABLEAU DES MONNAIES ET MESURES, D'UN ABRÉGÉ DES SCIENCES ET DES ARTS, ETC.

PAR L. A. C***.

NOUVELLE ÉDITION AVEC FIGURES, A L'USAGE DES ÉCOLES ET DES PENSIONNATS.

AVIGNON;

A. CHAMBEAU, IMPRIMEUR-LIBRAIRE.

M. DCCC. XXXV.

AVIS SUR CETTE ÉDITION.

L'instruction est le premier besoin de l'homme social ; elle est au moral ce que la respiration est au physique : c'est elle qui forme la base la plus solide des sociétés, les liens les plus doux entre les hommes ; elle dirige leurs désirs vers le beau, l'honnête et le bon, ou, en d'autres termes, vers l'agréable, le juste et l'utile ; elle met des bornes à nos besoins, anime et prolonge nos jouissances, et son code est celui du bonheur public et individuel.

On n'est point obligé d'être savant dans toute l'étendue de ce mot ; mais tout le monde doit et peut avoir quelque instruction ; et il n'est plus permis aujourd'hui, même aux cultivateurs les plus pauvres de ne pas savoir lire, écrire et compter.

Aucun ouvrage n'a paru jusqu'à ce jour aussi parfait que celui-ci, pour faciliter l'étude de notre langue aux enfans, qu'il conduit par dégrés de l'alphabet à la connaissance des règles de la prononciation, de l'orthographe, de la ponctuation, de la grammaire et de la prosodie française. Aussi de nombreuses éditions en sont faites chaque jour et attestent son succès et son utilité. Cependant pour en faire comme une véritable encyclopédie de la jeunesse, il y manquait un abrégé de l'histoire sainte, de l'arithmétique, et l'explication des choses les plus ordinaires et qui font l'objet des conversations journalières ? N'est-il pas indispensable par exemple, d'avoir les idées générales sur les sciences et sur les arts ? Ne faut-il pas pouvoir rendre raison de ce qui est sans cesse sous nos pas, sur notre tête, ou devant nos yeux ?

Un maître à qui l'étude et l'expérience ont permis de juger tout ce qu'on pourrait faire pour rendre ce livre le plus complet possible sans le rendre moins méthodique et moins élémentaire, s'est chargé de remplir cette lacune par les améliorations et les augmentations qu'il a faites à cette édition, et dont l'importance assure la propriété à l'éditeur.

L'abrégé des *Vrais principes de la lecture*, contenant seulement la première partie de cet ouvrage, se vend séparément et moitié prix,

INSTRUCTION

Pour les Perſonnes qui enſeignent à lire.

O**N** ne s'est pas assez appliqué jusqu'ici à faire connaître aux enfans ce que chaque lettre est en elle-même. La première attention que l'on doit avoir, c'est de déterminer le son propre à chaque lettre. On leur a donné ici une dénomination particulière, afin de mieux faire sentir l'inflexion de voix que chaque lettre exige, et qui la distingue d'une autre lettre à laquelle elle serait unie.

On a mis à côté de chaque consonne de l'alphabet romain, le son simple ou double qu'elle doit avoir.

La dénomination qu'on a donnée aux consonnes n'est pas une nouveauté; elle est établie depuis long-temps par la Grammaire de Port-Royal, et par plusieurs autres bons ouvrages de ce genre.

A 2

ALPHABET EN LETTRES MAJUSCULES.

Figure de la lettre.	*Nom de la lettre.*
A.	
B.	BE
C.	CE *ou* QUE
D.	DE
E.	
F.	FE
G.	GE *ou* GUE
H.	HE
I.	
J.	JE
K.	KE
L.	LE
M.	ME
N.	NE
O.	
P.	PE
Q.	QUE
R.	RE
S.	SE *ou* ZE
T.	TE *ou* SI
U.	
V.	VE
X.	KSE *ou* GZE
Y.	I *ou* YE
Z.	ZE

INSTRUCTION

Pour les personnes qui enseignent à lire.

POUR s'assurer que l'éleve connaît bien son alphabet, faites-le lui dire renversé, mêlé de toutes les manières possibles. Faites-lui toujours prononcer ou dénommer les consonnes comme elles font marquées dans l'alphabet.

L'on doit remarquer, dans ces premières leçons, que tout ce qui est discours & raisonnement, est fait pour le maître, & non pour l'élève. On ne doit attacher le disciple qu'à ce qui est destiné aux leçons qui font à sa portée.

Dites de vive voix à votre élève : Les lettres se divisent en voyelles & en consonnes. Il y a cinq voyelles & dix-neuf consonnes. Les voyelles font :

A. E. I., *ou* Y. O. U.

Les dix-neuf consonnes font :

B. C. D F. G. H. J. K. L. M. N. P. Q. R. S. T. V. X. Z.

Consonnes & voyelles mêlées ensemble

c. d. b. g. h. a. m. n. o. p. q. e. r. f. t. v. u. x. z. i.

i. b. f. g. d. e. c. h. m. n. p. j. a. l. r. s. t. u. x. o. z.

A 4

Voyelles renverſées.

u. o. y. *ou* i. e. a.

Alphabet renverſé, en romain.

z. y. x. v. u. t. s. ſ. r. q. p. o. n. m. l. k. j. i. h. g. f. e. d. c. b. a.

Alphabet mêlé, en romain.

p. k. n. r. m. e. d. u. j. l. g. ſ. z. q. b. h. s. c. i. a. f. x. o. t. v. u. y. &.

Alphabet mêlé, en romain, en italique & en capitales.

j. b. a. ʒ. r. x. h. g. n. ſ. c. s. P. U. I. D. O. T. E. Y. M. Q. L. F. V. H. K.

a. Z. b. *y.* c. X. d. *v.* e. V. f. *t.* g. S. *h.* r. i. Q. j. P. k. o. *l.* n. M.

Alphabet en capitales, romain.

A. B. C. D. E. F. G. H. I. J. K. L. M. N. O. P. Q. R. S. T. U. V. X. Y. Z.

Alphabet en romain, italique & capitales.

A. b. *c.* D. e. *f.* g. H. i. *j.* K. l. *m.* n. O. *p.* q. R. ſ. s. *t.* u. v. *x.* y. ʒ. &.

été condamnés entr'autres chofes aux deux tiers des dépens depuis le commencement de l'inftance jufques & compris la Sentence de mil fept cent quarante, depuis lequel temps iceux condamnés aux dépens en entier, jufqu'au procès-verbal des vingt-fix & vingt-fept Juin mil fept cent quarante-fept, iceux pareille-ment condamnés en la moitié des dépens depuis & compris le procès-verbal jufqu'audit jour onze Jan-vier mil fept cent quarante-neuf. L'expofant aux termes de cette Sentence dont il n'y a point eu d'appel de la part des Sieurs de Sauffey, a produit à Maître Regnault leur Procureur les pièces & déclarations defdits dépens, aux fins par lui d'en prendre com-munication, & d'y mettre fes diminutions dans le délai, faute de quoi il fera procédé à la taxe d'iceux : la taxe a été faite & l'exécutoire dé-cerné en conféquence le 20 Octobre dernier par le Baillif de Periers, montant à deux cens quarante fept livres onze fols trois deniers. Le Sieur Louis Duha-mel, Ecuyer Sieur de Sauffey s'en eft rendu appel-lant, & l'expofant l'a anticipé en vertu de lettres de Chancellerie qu'il lui a fait fignifier, avec affignation en notre Cour par exploit du dix Décembre dernier; mais ledit Sieur de Sauffey pour faire diverfion a re-levé du dix-fept du même mois des lettres d'appel au Préfidial de Coutances, & y a affigné l'expofant le vingt-deux dudit mois pour y procéder, fous pré-texte que le montant dudit exécutoire de deux cens quarante-fept livres onze fols trois deniers décerné par le Juge de Periers, eft au-deffous de la compé-tence des Préfidiaux pour en juger en dernier reffort; or comme le Préfidial n'étoit pas compétent du prin-cipal Juge par la Sentence de mil fept cent quarante-

tant de l'exécutoire eſt au-deſſous de la compétence
des Préſidiaux : qu'inutilement objecteroit-on que
l'action principale qui a donné occaſion à la condam-
nation des dépens contre le Seigneur de Sauſſey , eſt
de la compétence du Parlement ; qu'il eſt vrai que
les habitans de Muneville , après le décès du ſieur Du-
hamel Ripault , Curé dudit lieu , demanderent à l'appellant ſon frère & héritier , de faire les réparations
aux maiſons presbitérales & au chœur de l'Egliſe de
Muneville ; mais que l'appellant n'a jamais conteſté
cette demande , au contraire la première démarche
qu'il fit , fut de donner ſa requête pour conſtater ces
mêmes réparations vis-à-vis du général , pour les faire faire , & en faire juger le parfait vis-à-vis d'eux :
Tout a été fait à cet égard , & il n'eſt plus queſtion
de ce principal qui a été acquieſcé , & auquel on a
ſatisfait , qu'il ne s'agit donc plus que des dépens faits
par leſdits habitans , dont ledit , le Planquais n'a eu
ni le droit ni qualité de requérir la taxe en ſon propre & privé nom , puiſqu'il n'y a aucune Sentence
qui les lui adjuge à lui-même , mais ſeulement aux
habitans deſquels il n'avoit plus les pouvoirs , ſuivant
le déſiſtement qu'il en a lui-même fait ſignifier auxdits
habitans , le neuf Septembre dernier , & dont il a
dénoncé copie à Maître Regnault , qui avoit été Procureur dudit Seigneur de Sauſſey , contre leſdits habitans , & non contre ledit le Planquais ; que ſi ce
dernier avoit quelque récompenſe à demander , ce
ne pouvoit être qu'auxdits habitans & non au Seigneur de Sauſſey qui ne lui devoit rien perſonnelle-
ment : que d'ailleurs quand la taxe auroit été requiſe
par leſdits habitans , il a été mal & exceſſivement
taxé ; que les dépens en ſuppoſant que ledit le Planquais eut pu en requérir la taxe ſ

INSTRUCTION

Pour les Personnes qui enseignent à lire.

DÈS que l'élève distingue bien les lettres, il faut lui faire connaître les caracteres qui varient leurs intonations.

Les pages suivantes sont destinées à donner une première idée des caractères qu'on appelle *accens* ; des trois sortes d'*e*, des deux *u v*, des deux *i j*, & des six consonnes qui ont un son double. On a cru devoir mettre ce tableau sous les yeux des maîtres & maîtresses, pour les avertir d'en donner aux enfans les premières notions.

Pour apprendre à distinguer les accens, il ne faut montrer que la colonne où ils se trouvent marqués. Ce qui est placé à côté d'eux, est destiné à instruire la personne qui les enseigne.

Il faut ensuite tâcher de faire entendre à l'élève, que les différentes sortes d'*e* viennent de ce que les accens dont ils sont marqués, leur donnent une articulation plus ou moins prononcée, parce qu'on appuie plus ou moins sur elles en les prononçant.

On a mis en marge des voyelles marquées d'un accent, des mots qui fervent à déterminer la manière dont le maître doit faire prononcer chaque voyelle. Pour le découvrir, il n'a qu'à prononcer les mots qui fe trouvent dans les exemples.

Il faut faire remarquer que la même lettre fe prononce différemment, dès qu'elle eft marquée d'un accent aigu, grave, ou circonflexe ; & que cette prononciation eft toute différente, lorfqu'il n'y a point d'accent.

Dites de vive voix à votre élève, en lui montrant les accens : Il y a trois accens, l'accent aigu ´, l'accent grave ` , & l'accent circonflexe ^.

L'accent aigu ´ eft un caractère qui va de droite à gauche.

L'accent grave ` eft un caractère qui va de gauche à droite.

L'accent circonflexe ^ eft un caractère formé des deux autres accens réunis & adoffés ; il fe met fur les cinq voyelles lorfqu'elles fe prononcent lentement, comme dans les mots *âge bête, fîle, dôme, mûfe*, &c.

Dites auffi à votre élève, fans montrer autre chofe que les caractères rangés perpendiculairement les uns fur les autres, qu'il y a deux fortes d'*i* ; l'*i* voyelle & l'*j* confonne.

i L'*i* voyelle fe figure *i*, et fe prononce *i*.

j L'*j*. confonne fe figure *j*, et fe prononce *je*.

Il y a aussi deux fortes d'*u* ; l'*u* voyelle & l'*v* confonne.

u L'*u* voyelle fe figure *u*, & fe prononce *u*.

v L'*v* confonne fe figure *v*, & fe prononce *ve*.

Les deux *j i* & les deux *u v* fe trouvent dans le mot *juive*.

Faites remarquer qu'il y a trois fortes d'*e* ; l'*e* muet, l'*é* fermé, l'*è* ouvert.

e L'*e* muet eft l'*e* qui fe prononce fourde-ment : c'eft celui qui n'a point d'ac-cent , comme on le peut voir dans les mots *lo-ge*, *prin-ce*, &c.

é L'*é* fermé eft celui qui a un accent de droite à gauche; *c'eft l'accent aigu é*, comme dans les mots *fan-té*, *bon-té*.

è L'*è* ouvert eft celui qui a un accent de gauche à droite; *c'eft l'accent grave è*, comme dans les mots *accès* , *procès*, *abfcès*, etc.

En montrant à votre élève les letres *e*, *é*, *è*, *è* , faites prononcer :

e L'*e* muet, comme dans la dernière fyl-labe du mot *père*.

A 6

é L'*é* fermé, comme dans la dernière syllabe des mots *pa-ré*, *pa-vé*.

è L'*è* ouvert, comme dans le mot *très*.

ê L'*ê* marqué d'un accent circonflexe, comme dans la première syllabe des mots *bê-te*, *tê-te*.

o L'*o* comme dans la première syllabe du mot *to-me*.

ô L'*ô* marqué d'un accent circonflexe, comme dans la première syllabe du mot *dô-me*.

a L'*a* comme dans la première syllabe du mot *ta-ble*.

â L'*â* marqué d'un accent circonflexe, comme dans la première syllabe du mot *pâ-te*.

i L'*i* comme dans la première syllabe du mot *hi-ver*.

î L'*î* marqué d'un accent circonflexe, comme dans la première syllabe du mot *fî-le*.

u L'*u* comme dans la première syllabe du mot *tu-be*.

û L'*û* marqué d'un accent circonflexe, comme dans la première syllabe du mot *mû-se*.

Apprenez aussi à votre élève qu'il y a six consonnes qui ont un son double, ce sont

c. g. h. f. t. x.

c fe prononce *fe*, *ff*, devant *e*, *i*, *Cicéron.*

c fe prononce *ka*, *ko*, *ku*, devant *a*, *o*, *u*, *cave*, *côté*, *curé.*

g fe prononce *je*, *ji*, devant *e*, *i*, *genou*, *gibier.*

g fe prononce *ga*, *go*, *gu*, devant *a*, *o*, *u*, *gâteau*, *gofier*, *guenon.*

g fe prononce *g* & *j* dans le mot *gage.*

h fe prononce *hâ*, *hê*, *hi*, *ho*, *hû*, dans *hâte*, *hêtre*, *hibou*, *hotte*, *hûre*; alors on l'appelle *h* afpirée.

h ne fe prononce point du tout dans *habit*, *Hélène*, *hiver*, *hôte*, *huit*; alors on l'appelle *h* non afpirée.

f fe prononce *fa*, *fe*, *fi*, *fo*, *fu*, au commencement des mots *fale*, *feve*, *fire*, *fole*, *fuite*; et lorsqu'elle est précédée d'une consonne, comme dans le mot *danse.*

f fe prononce *z*, entre deux voyelles, *cafe*, *lefé*, *bife*, *dofe*, *rufe*, &c.

t fe prononce *ti*, au commencement des mots *tige*, *tigre*, *tifon*, &c.

t fe prononce, *fi*, dans *abbatial*, *ambitieux*, *ambition*, *captieux*, &c.

x fe prononce, *kfe*, dans *Alexandre*, *Alexis.*

x fe prononce *gz*, dans *examen*, *exaucer.*

INSTRUCTION

Pour les personnes qui enseignent à lire.

L'ÉLEVE connaissant bien exactement les
confonnes , les différentes articulations que
leur donnent les voyelles *a , e , i , o , u ,*
& celles que les voyelles empruntent des
accens , il faut lui faire lire de fuite la
table où toutes les consonnes font unies avec
toutes les voyelles. Elle commence par
ba , be , bé , bè , &c. Il faut lui faire lire
d'abord chaque ligne horifontalement, c'est-
à-dire *ba , be , bé , bè , bi , bo , bu ;* paffer
enfuite à la feconde colonne : obferver fur-
tout de ne le point faire épeler en l'aidant
à prononcer les fons et les fyllabes : ainsi
il ne faut pas lui faire dire *be , a , ba ; be ,*
e , be ; be , i , bi ; be , o , bo ; mais tout d'un
coup *ba , be , bi , bo :* L'avantage de cette
méthode eft de faire connaître que les confonnes ont toujours besoin d'une voyelle
pour être articulées , que *b* devant *a* s'appelle *ba ; b* devant *o* s'appelle *bo ,* &c.

Sons formés d'une consonne et d'une voyelle.

Ba	be	bé	bè	bi	bo	bu
ca	ce	cé	cè	ci	co	cu
da	de	dé	dè	di	do	du
fa	fe	fé	fè	fi	fo	fu

ga	ge	gé	gè	gi	go	gu
ha	he	hé	hè	hi	ho	hu
ja	je	jé	jè	ji	jo	ju
la	le	lé	lè	li	lo	lu

ma	me	mé	mè	mi	mo	mu
na	ne	né	nè	ni	no	nu
pa	pe	pé	pè	pi	po	pu
qua	que	qué	què	qui	quo	quu

ra	re	ré	rè	ri	ro	ru
ſa	ſe	ſé	ſè	ſi	ſo	ſu
ta	te	té	tè	ti	to	tu
va	ve	vé	vè	vi	vo	vu

xa	xe	xé	xè	xi	xo	xu
ya	ye	yé	yè	yi	yo	yu
za	ze	zé	zè	zi	zo	zu

INSTRUCTION

Pour les perfonnes qui enfeignent à lire.

Dès que l'élève connaît bien les fons différens qui réfultent de l'union de toutes les voyelles avec les confonnes, il faut s'attacher à lui faire lire le tableau alphabétique des mots de deux fyllabes : on s'eft attaché à n'y mettre que des fons qui fe trouvent dans le tableau, et qui font formés d'une confonne & d'une voyelle.

Il faut fuivre le même procédé aux pages 18 & 19 ; ces deux pages préfentent une double nouveauté, en ce que, premièrement, la voyelle qui, à la page 17, fe trouve après la confonne *b*, &c. fe trouve ici avant cette même confonne *b* ; fecondement, en ce que les mots de la dix-neuvième page, formés des fons de la dix-huitième, font de trois fyllabes.

Les pages 20 & 21 préfentent deux tables de mots de quatre fyllabes. La première fyllabe de chaque colonne commence par l'une des cinq voyelles, mifes tantôt après la confonne, & tantôt avant la même confonne, autant qu'il a été poffible de le faire.

Mots de deux syllabes formés des mêmes sons.

Ba le	bê te	bî se	bo bo	bu te
ca ve	cè ne	ci re	cô ne	cu ve
da me	de mi	dî me	dò me	du pe
fa ce	fê lé.	fî le	fo ré.	fu té

---

ga ge	gê ne	gî te	go be	gué
hâ le	hè re	hi re	hô te	hù re
Ja va	Jé su		jo li	ju ge
la ve	le vé	li me	lo ge	lu ne

---

mâ le	mè re	mi ne	mo de	mu le
na pe	né ra	Ni ce	no ce	nu e
Pa pe	pè re	pi pé	pô le	pu ce
qua si	quê te	Qui to	quô te	qu'une

---

ra ve	rê ve	ri me	ro be	ru se
sa le	sè ve	si re	so le	Su ze
ta xe	tê te	ti ge	to me	tu be
va se	vé lu	vi ce	volé	vu e

Sons formés d'une voyelle & d'une con
sonne.

Ab	eb	éb	èb	ib	ob	ub
ac	ec	éc	èc	ic	oc	uc
ad	ed	éd	èd	id	od	ud
af	ef	éf	èf	if	of	uf

---

ag	eg	ég	èg	ig	og	ug
al	el	él	èl	il	ol	ul
am	em	ém	èm	im	om	um
an	en	én	èn	in	on	un

---

ap	ep	ép	èp	ip	op	up
aq	eq	éq	èq	iq	oq	uq
ar	er	ér	èr	ir	or	ur
aſ	eſ	éſ	èſ	iſ	oſ	uſ

---

at	et	ét	èt	it	ot	ut
av	ev	év	èv	iv	ov	uv
ax	ex	éx	èx	ix	ox	ux
az	ez	éz	èz	iz	oz	uz

Mots de trois syllabes, formés des mêmes sons.

A bat tu	é bè ne	o bo le
ac cu sé	é co le	oc cu pé
ad mi ré	E di le	i do le
af fu té	ef fa cé	of fi ce

a ga cé	é ga ré	i gné e
al lu re	é lo ge	o li ve
am bi gu	em bal lé	i ma ge
an nu el	en ne mi	in vi té

ap pe lé	é pi lé	o pé ra
a qua ti que	é qui no xe	
ar rê té	er ro né	ir ri té
af fi du	ef ti mé	Ifma ël

At ta le	é tof fe	u ti le
a va re	é vi té	o va le
a xi o me	ex ta fe	I xi on
A zi me	O zé e	O zi as

Mots, la plupart de quatre syllabes, formés
des sons précédens.

Ba di na ge	Bé né fi ce	Bi ga ra de
ca pi ta le	cé lé ri té	ci vi li té
ac ti vi té	é co li er	ic té ri que
da ri o le	dé fi gu ré	di vi ni té
ad di ti on	é di fi ce	I du mé en
fa ci li té	fé li ci té	fi dé li té
af fi na ge	ef fi ca ce	I phi gé ni e
Ga ni mè de	gé né ra le	gi be ci è re
ha bi tu de	hé ro ï que	Hi po li te
la ti tu de	lé gè re té	li mo na de
al li an ce	el lé bo re	il lu si on
ma gi ci en	mé de ci ne	mi né ra le
A ma zô ne	é mé ti que	im me di at
na ti vi té	né ga ti ve	Ni co la ï
a né an ti	en ne mi e	in dé fi ni
pa ci fi que	pé le ri ne	py ra mi de
a pa na ge	é pi fo de	i pe ca cu a na
ra ta ti né	ré vo lu ti on	ri di cu le
ar ti fi ce	er ro né	i ro ni e
fa ga ci té	fé cu ri té	fi mo ni e
af fo ci é	e xé cu té	If fa char
ta ni è re	Ef cu la pe	ti mi di té
at ti tu de	tè mé ri té	I ta li e
va ca ti on	é ta la ge	vi va ci té
a va ri ce	Vé ro ni que	I vi ce
e xa gô ne	é va po ré	é xi lé

Mots , la plupart de quaire fyllabes , formés
des fons précédens.

bo ta ni que	bu co li que
co mé di en	cu pi di té
oc ca fi on	oc to gô ne
do ci li té	du pe ri e
o di eu fe	fri pe ri e
fol li cu le	fa ci li té
of fi ci al	fu ti li té
go fi er	gu tu ra le
hon nê te té	hu mi li té
lo gi ci en	lu na ti que
o li vi er	ul cè re
mo no po le	mu tu el le
om bra ge	om bi lic'
no va ti on	nu mé ra le
on da ti on	u na ni me
po li gô ne	pu ri fi é
o pi ni on	pé tri fi é
ro tu ri er	ru ba ni er
or tho do xe	ur ba ni té
fo li tu de	fu jé ti on
o fi er	u fu ri er
to pi que	tu li pe
ot to ma ne.	u té ri ne
vo la ti le	vul ga te
o va ti on	hu ma ni té
E xo de	ex hu mé

INSTRUCTION

Pour les personnes qui enseignent à lire.

IL y a des mots qui commencent par deux consonnes ; on a réuni sous un même coup-d'œil les combinaisons différentes qu'elles peuvent former. La colonne qui les renferme est une des plus essentielles de cette méthode.

En prononçant les sons *ble*, *bre*, etc. il faut avoir soin de ne pas faire épeler. Au lieu de faire dire à l'enfant, *be*, *elle*, *ble* ; *be*, *ere*, *bre*, il faut lui faire prononcer tout de suite et sans épeler, *ble*, *bre*, comme on prononce la derniere syllabe des mots, *table*, *sabre*.

Les pages 26, 27, 28, 29, sont composées de mots et de sons formés de plusieurs consonnes et de simples voyelles. Un enfant n'aura pas grande difficulté à les prononcer, lorsqu'il aura été bien exercé sur les pages 23, 24 & 25 ; il faut, pour cela, lui faire prononcer exactement chaque son, sans en décomposer les lettres, en suivant l'ordre des cinq voyelles ; et ensuite perpendiculairement ; c'est-à-dire, en faisant parcourir chaque colonne de haut en bas et de bas en haut,

Sons formés de deux consonnes & d'une voyelle.

Bla	Ble	Bli	Blo	Blu
bra	bre	bri	bro	bru
cha	che	chi	cho	chu
chra	chre	chri	chro	chru
çla	cle	cli	clo	clu
cra	cre	cri	cro	cru
dra	dre	dri	dro	dru
fla	fle	fli	flo	flu
fra	fre	fri	fro	fru
phra	phre	phri		
pha	phe	phi	pho	phu
phla	phle	phli	phlo	phlu
gla	gle	gli	glo	glu
gna	gne	gni	gno	gnu
gra	gre	gri	gro	gru
pla	ple	pli	plo	plu
pra	pre	pri	pro	pru
rha	rhe	rhi	rho	rhu
fça	fçe	fçi		
fca			fco	fcu
fpa	fpe	fpi	fpo	fpu
fta	fte	fti	fto	ftu
tha	the	thi	tho	thu
thra	thre	thri	thro	
tra	tre	tri	tro	tru
vra	vre	vri	vro	

*Sons formés des mêmes deux consonnes &
d'une voyelle dans un ordre renversé.*

Vra	vre	vri	vro	
tra	tre	tri	tro	tru
thra	thre	thri	thro	
tha	the	thi	tho	thu
sta	ste	sti	sto	stu
spa	spe	spi	spo	spu
sca			sco	scu
sça	sçe	sçi		
rha	rhe	rhi	rho	rhu
pra	pre	pri	pro	pru
pla	ple	pli	plo	plu
gra	gre	gri	gro	gru
gna	gne	gni	gno	gnu
gla	gle	gli	glo	glu
phla	phle	phli	phlo	phlu
pha	phe	phi	pho	phu
phra	phre	phri		
fra	fre	fri	fro	fru
fla	fle	fli	flo	flu
dra	dre	dri	dro	dru
cra	cre	cri	cro	cru
cla	cle	cli	clo	clu
chra	chre	chri	chro	chru
cha	che	chi	cho	chu
bra	bre	bri	bro	bru
bla	ble	bli	blo	blu

Sons

Sons formés des deux mêmes confonnes &
d'une voyelle.

Tha	the	thi	tho	thu
gla	gle	gli	glo	glu
dra	dre	dri	dro	dru
bla	ble	bli	blo	blu
fca			fco	fcu
gra	gre	gri	gro	gru
sta	fte	fti	fto	stu
pla	ple	pli	plo	plu
fla	fle	fli	flo	flu
chra	chre	chri	chro	chru
rha	rhe	rhi	rho	rhu
tra	tre	tri	tro	tru
pra	pre	pri	pro	pru
cha	che	chi	cho	chu
phra	phre	phri		
pha	phe	phi	pho	phu
cla	cle	cli	clo	clu
vra	vre	vri	vro	
thra	thre	thri	thro	
fpa	fpe	fpi	fpo	fpu
fça	fçe	fçi		
gna	gne	gni	gno	gnu
phla	phle	phli	phlo	phlu
fra	fre	fri	fro	fru
cra	cre	cri	cro	cru
bra	bre	bri	bro	bru

B

Mots de différentes syllabes composés des sons précédens.

blâ me	blê me
bra ve	brè ve
chaf fe	chê ne
Chram ne	Chrè me
cla vi er	clé men ce
cra be	crê che
dra pé	dref fé
flat té	flè che
fra cas	frè re
phra fe	phré né fi e
gla ce	glè be
I gna ce	A gnès
gra pe	grê le
pha re	phé nix
phlé bo to mi e	phleg ma ti que
pla ce	plé ni er
pra ti que	prê tre
rha bil lé	rhé teur
fa vant	fcè ne
Sca ron	Sca man dre
fpa dil le	fpé ci fi que
fta de	Sté tin
Tha li e	thê me
Thra ce	tré for
tra pe	trè ve
i vre	I vri

Mots de différentes syllabes , composés des sons précédens.

blin de	blo qué	blu te
bri fé	bro dé·	bru ne
chi le	cho fe	chu te
Chris ti ne	chro ni que	chu ru din
Cli mè ne	clo che	Clu ni
cri me	cro che	cru che
dri a de	drô le	Dru ï de
fli pot	flo re	flû te
fri fé	fro té	fru gal
Phri gi e		
glif fa de	glo be	glu ant
di gni té	i gno ré	ro gnu re
gri ve	grot te	gru ri e
phy fi que	phof pho re	
Pli ne	plom bé	plu me
pri me	prô ne	pru ne
Rhin	Rhô ne	rhu me
Si am	fcif fi on	fci u re
Scot	fcor pi on	Scu de rí
fpi ra le	fpon dé e	
fty le	fto rax	ftu pi de
thim	Tho mas	Thu ci di de
	trô ne	
Tri po li	tro pe	tru fe
	i vro gne	
	tro gne	

B 2

Mots de différentes syllabes, composés des sons précédens.

blan chir	bleſ ſu re	blin da ge
braſ ſe ri e	Breſ ſe	brim ba le
char ni er	Cher ſo nè ſe	chif fon né
claſ ſi que	cler gé	clif tè re
cram po né	creſ ſel le	criſ ta lin
drag me	Dreſ de	dril le
flat te ri e	fleu ret te	flic flac
fran chir	fré quen ce	fric ti on
glan du le	glet te	gliſ ſa de
i gna re	in di gne	di gni té
graſ ſe yer	Gre na de	gri ot te
phan ta ſe	Phé ni ci e	phil tre
plai do yer	plé ni tu de	pliſ ſu re
prag ma tique	pren dre	prin ci pa le
Rha da mante	rhé to ri que	rhi no céros
ſcan da le	ſcè ne	ſçi a ge
ſpa tu le	ſpec ta cle	ſpi ri tu el
ſtan ce	ſt erlin	ſtig ma tes
tran quil le	tren ti è me	triſ teſ ſe

Mots de différentes syllabes, composés des sons précédens.

blon di ne	blu et te
bron fé	bruf que ri e
cho co lat	chu te
clo chet te	Clu nis te
crof fe	cru ci fix
dro gue	Dru ï de
flot ta ge	flu xi on
fron de	fruf tré
glo bu le	glu ti na tif
i gno ŕé	ro gnu re
grof fe	gru ri e
phof pho re	phy fi que
plon ge on	plu ma ge
prof crit	pru den ce
rho do ra cé es	rhu ma tif me
fcor pi on	Scu dé ri
fpon ta né	fpu mo fi te
fto ma cal	ftu pi di té
trom pe ri e	tru ï te

INSTRUCTION

Pour les Perſonnes qui enſeignent à lire.

SI les conſonnes empruntent des voyelles des ſons différens , les voyelles unies les unes aux autres , forment avec les conſonnes dont elles sont ſuivies , des ſons infiniment variés, ſur leſquels il eſt important de fixer l'attention des jeunes personnes. Les tables ſuivantes offrent un grand nombre de ſons tous formés de l'union de pluſieurs voyelles. Afin de ſauver aux perſonnes qui inſtruiſent , l'ëmbarras de les articuler avec netteté , on a mis , à côté de chaque ſon , des mots dans leſquels ſont employés les ſons qu'on doit faire prononcer à un enfant.

Il faut faire remarquer aux Elèves les articulations différentes que donnent aux voyelles , les deux points qu'elles portent en tête, comme dans *laïc*, *aëré*, &c.

Voyelles unies à d'autres voyelles, où placées à leur suite, & formant avec les consonnes ou les voyelles dont elles sont suivies, une ou plusieurs syllabes.

On prononce comme dans		On prononce comme dans	
Aë	aë ré	aoux	Chi *aoux*
æa	Æa que	au	P *au*
aen	C *aen*	aüs	Emm *aüs*
ai	bal *ai*	aud	ch *aud*
aî	f *aî* tière	aul	P *aul*
aï	l *aï* c	aulx	f *aulx*
aie	h *ai* e	aoul	s *aoul*
ayent	p *ayent*	aur	M *aur*
aïeul	bis *aïeul*	aut	f *aut*
aïde	Adél *aïde*	aux	ch *aux*
ail	b *ail*	ay	C *ay* lus
aille	can *aille*	aya	attr *aya*nt
aim	ess *aim*	ayé	r *ayé*
ain	p *ain*	ayen	Bisc *ayen*
ains	m *ains*	ayer	bég *ayer*
aint	cr *aint*	ayeux	B *ayeux*
air	ch *air*	ayon	cr *ayon*
aire	capill *aire*	ayonne	B *ayonne*
ais	d *ais*	ea	mang *ea*
aïs	m *aïs*	ean	J *ean*
ait	f *ait*	eant	afflig *eant*
aix	p *aix*	éal	bor *éal*
ao	cac *ao*	éar	B *éar* nais

On prononce	comme dans	On prononce	comme dans
aon	p *aon*	éat	b *eat*
oût	A *oût*	eau	gât *eau*
eaux	moin *eaux*	iable	chât *iable*
ée	nu *ée*	iade	Dr *iade*
éen	Idum *éen*	ia	mar *ia* ge
ées	ach *ées.*	ial	offic *ial*
éïa	pl *éïa* de	iam	S *iam*
éide	Nér *éide*	ian	all *ian* ce
eil	ort *eil*	iand	fr *iand*
eille	bout *eille*	iard	I *iard*
éïen	pléb *éïen*	ias	Of *ias*
eim	Ben *heim*	iat	op *iat*
ein	fr *ein*	iâtre	opin *iâtre*
eindre	f *eindrè*	iau	fabl *iau*
eint	p *eint*	iaux	beſt *iaux*
eing	s *eing*	ie	p *ie*
eïo	Ang *éïo* logie	iée	mar *iée*
eoir	aſſ *eoir*	iel	m *iel*
eois	bour *geois*	ième	trent *ième*
éole	alv *eole*	ien	magic *ien*
eon	pig *eon*	ieux	Br *ieux*
eot	mig *eot* er	ient	t *ient*
eu	bl *eu*	ier	charret *ier*
euf	b *euf*	iere	tan *ière*
eufs	n *eufs*	iers	f *iers*
euil	d *euil*	iette	d *iette*
euille	f *euille*	ieu	l *ieu*

On prononce	comme dans	On prononce	comme dans
eur	p *eur*	ieue	banl *ieue*
eut	p *eut*	ieux	p *ieux*
eux	d *eux*	io	cl *io*
ey	D *ey*	iole	bab *iole*
iu	Ab *iu*	oui	réj *oui*
ya	Dr *ya* de	ouie	*ouie*
yen	Ca *yen* ne	ouin	bab *ouin*
yer	plaido *yer*	ouil	b *ouil* li
yon	Ba *yon* nais	ouille	citr *ouille*
oa	c *oa* gulér	ouir	évan *ouir*
oard	béz *oard*	ouis	b *ouis*
œil	*œil*	oul	Capit *oul*
œufs	*œufs*	oup	c *oup*
œur	f *œur*	our	am *our*
œu	*œu* vre	ourd	l *ourd*
oé	c *oé* ternel	ourde	l *ourde*
oë	c *oë* ffe	ours	j *ours*
oi	effr *oi*	oux	courr *oux*
oî	cr *oî* tre	ouſt	acouſtique
oï	M *oï* ſe	ua	alg *ua* ſil
oie	j *oie*	uan	Dom J *uan*
oo	c *oo* pérateur	uant	p *uant*
ou	f *ou*	uau	cr *uau* ré
ouac	biv *ouac*	üe	barb *üe*
ouade	eſc *ouade*	uée	n *uée*
ouage	br *ouage*	uer	arg *uer*
oud	c *oud* e	uet	m *uet*

B 5

On prononce	comme dans	On prononce	comme dans
oue	Cord *oue*	uette	l *uette*
oué	d *oué*	ueux	anfract *ueux*
ouer	av *ouer*	ui	app *ui*
ouet	j *ouet*	uïde	Dr *uïde*
ouette	ch *ouette*	uids	m *uids*
oug	j *oug*	uie	pl *uie*
uif	f *uif*	uits	fr *uits*
uifs	J *uifs*	uivre	c *uivre*
uin	J *uin*	uüm	d *uüm* vir
uil	c *uil* lère	uyer	app *uyer*
uille	aig *uille*	ynx	l *ynx*
uir	f *uir*	ɣa	bo *ya* rd
uire	c *uire*	yau	alo *yau*
uis	Pert *uis*	yen	do *yen*
uiſſ	b *uiſſ* on	ye	courro *ye*
uiſt	c *uiſt* re	yer	coudo *yer*
uit	br *uit*	yeur	gibo *yeur*
uite	tr *uite*	yeux	jo *yeux*

INSTRUCTION

Pour les perfonnes qui enseignent à lire.

LEs pages 36 , 37 , 38 & 39 préfentent une fuite de mots monofyllabes , fuivant l'ordre alphabétique : on y en a fait entrer le plus qu'il a été poffible , fans trop s'attacher au fens , parce que les enfans ont toujours beaucoup de peine à bien lire ces fortes de mots.

On a encore féparé la confonne fimple ou double de la voyelle, afin que les élèves en faififfent mieux l'enfemble & le réfultat en les rapprochant eux-mêmes.

Pour les accoutumer à lire hardiment deux mots monofyllabes à la fois , on a rapproché les mêmes monofyllabes, depuis la page 40 jufqu'à la page 42 ; cet exercice prépare à quelques petites lectures en monofyllabes qui fe trouvent à la page 43. L'élève s'en tirera parfaitement , s'il a été bien exercé fur les deux tables de monofyllabes : ces petits triomphes allument le courage des enfans ; il ne faut jamais manquer à leur en ménager.

Monosyllabes qu'il faut faire lire d'abord par sons séparés et ensuite tout d'un mot.

b-ail	bail	cl-ou	clou	cr-ois	crois
b-ain	bain	cl-oux	cloux	cr-oit	croit
b-eau	beau	cl-oud	cloud	cr-ue	crue
b-eaux	beaux	ch-air	chair	c-uir	cuir
b-aux	baux	ch-aud	chaud	c-uit	cuit
b-œuf	bœuf	ch-aux	chaux	d-ain	dain
b-œufs	bœufs	ch-œur	chœur	d-ais	dais
b-leu	bleu	c-œur	cœur	d-eux	deux
b-ien	bien	ch-ien	chien	d-euil	deuil
b-iais	biais	ch-ou	chou	D-ieu	Dieu
b-ouc	bouc	ch-oux	choux	d-ieux	dieux
b-oue	boue	ch-oix	choix	d-ois	dois
b-ois	bois	ch-oir	choir	d-oit	doit
b-ourg	bourg	ch-ois	chois	d-oigts	doigts
b-out	bout	c-oin	coin	d'où	d'où
b-ruit	bruit	c-oing	coing	d-oux	doux
b-uis	buis	c-ou	cou	dr-oit	droit
c-ap	cap	c-oup	coup	dr-ue	drue
Ca-en	Caen	c-oût	coût	Dr-eux	Dreux
C-aux	Caux	c-our	cour	f-aut	faut
c-eux	ceux	c-ours	cours	f-aux	faux
c-eint	ceint	c-ourt	court	f-aulx	faulx
c-iel	ciel	cr-aie	craie	f-aim	faim
c-ieux	cieux	cr-aint	craint	f-ait	fait
c-laie	claie	cr-eux	creux	f-aits	faits
cl-air	clair	cr-oix	croix	f-aix	faix

f-aon	faon	gr-ain	grain	J-uifs	Juifs
f-eu	feu	gr-ains	grains	J-uin	Juin
f-eux	feux	gr-ais	grais	l-aïc	laïc
f-eint	feint	gr-ue	grue	l-aid	laid
f-ier	fier	gr-ouin	grouin	l-air	l'air
fl-eur	fleur	h-aie	haie	l-aie	l'aie
f-oi	foi	h-ait	hait	l-eau	l'eau
f-oie	foie	h-aut	haut	l-eu	leu
F-oix	Foix	h-ier	hier	l-eur	leur
f-ois	fois	h-oue	houe	l-eurs	leurs
f-oin	foin	h-oux	houx	l-ie	lie
f-ouet	fouet	h-uit	huit	l-ien	lien
f-oux	foux	j-ai	j'ai	l-ient	lient
f-our	four	j-aie	j'aie	l-ieu	lieu
fr-ais	frais	J-ean	Jean	l-ieux	lieux
fr-ein	frein	j-eu	jeu	l-ieue	lieue
fr-oid	froid	j-eux	jeux	l-oi	loi
fr-uit	fruit	j-eus	j'eus	l-oix	loix
fr-uits	fruits	j-oie	joie	l-oin	loin
f-uir	fuir	j-ouet	jouet	l-oue	loue
f-uis	fuis	j-ouets	jouets	l-ouent	louent
f-uit	fuit	j-ouer	jouer	l-oué	loué
g-ai	gai	j-oue	joue	L-ouis	Louis
g-ain	gain	j-ouent	jouent	l-oup	loup
g-eai	geai	j-oug	joug	l-oups	loups
g-oût	goût	j-our	jour	l-ourd	lourd
g-ué	gué	j-ours	jours	l-ui	lui
g-uet	guet	J-uif	Juif	M-ai	Mai

m-aïn	main	n-oix	noix	plaint	plaint
m-ains	mains	n-oueux	noueux	pl-ein	plein
M-aur	Maur	n-ous	nous	pl-ie	plie
m-aux	maux	n-uit	nuit	plient	plient
M-eaux	Meaux	n-ue	nue	pleurs	pleurs
m-ien	mien	n-uée	nuée	pl-eut	pleut
m-ieux	mieux	p-ain	pain	pl-uie	pluie
me-us	meus	p-aîs	paîs	p-oids	poids
m-eut	meut	p-aît	paît	p-ois	pois
me-urs	meurs	p-aix	paix	p-oix	poix
m-eurt	meurt	p-aïs	païs	p-oint	point
m-œurs	mœurs	p-aie	paie	p-oing	poing
m-ien	mien	p-air	pair	p oil	poil
m-ie	mie	p-aon	paon	p-oils	poils
m-iel	miel	P-aul	Paul	p oulx	poulx
m-oi	moi	p-eau	peau	p-rie	prie
m-oins	moins	p-eur	peur	prient	prient
m-ois	mois	p-eu	peu	pr-oie	proie
m-ou	mou	p-eut	peut	pr oue	proue
m-uet	muet	p-eint	peint	p-uits	puits
m-uids	muids	p-ie	pie	qu-ai	quai
n-ain	nain	p-ied	pied	qu-art	quart
n-œud	nœud	p-ieds	pieds	quand	quand
n-œuds	nœuds	p-ieu	pieu	qu ant	quant
n-euf	neuf	p-ieux	pieux	qu-el	quel
ni-ais	niais	pl-aie	plaie	qu eue	queue
No-ël	Noël	pl-aît	plaît	qu'-il	qu'il
n-oir	noir	pl-ains	plains	qu-oi	quoi

qu'-on	qu'on	ſ-ien	ſien	tr-ois	trois
qu'-un	qu'un	ſ-oi	ſoi	Tr-oie	Troie
r-aie	raie	ſ-oie	ſoie	t-our	tour
r-eins	reins	ſ-oin	ſoin	T-ours	Tours
R-eims	Reims	ſ-oir	ſoir	tr-ou	trou
r-ien	rien	ſ-ois	ſois	tr-oué	troué
R-oi	Roi	ſ-oit	ſoit	tr-oue	troue
r-oue	roue	ſ-oient	ſoient	v-aut	vaut
r-oux	roux	ſ-oif	ſoif	v-eau	veau
R-ouen	Rouen	ſ-ourd	ſourd	v-eaux	veaux
r-ouet	rouet	ſ-ous	ſous	v-ain	vain
r-ouer	rouer	ſ-uie	ſuie	v-air	vair
r-ou	rou	ſ-uis	ſuis	v-œu	vœu
ſ-aie	ſaie	ſ-uif	ſuif	v-œux	vœux
ſ-ais	ſais	ſ-uit	ſuit	v-eut	veut
ſ-ain	ſain	t-aie	taie	v-ie	vie
ſ-aint	ſaint	t-aux	taux	v-ieil	vieil
ſ-ait	ſait	t-eint	teint	v-ieux	vieux
ſ-auf	ſauf	t-ien	tien	v-iens	viens
ſ-aut	ſaut	t-ient	tient	v-ient	vient
ſc-eau	ſceau	t-iers	tiers	v-oie	voie
ſc-eaux	ſceaux	t-ous	tous	v-oix	voix
ſ-ein	ſein	t-out	tout	v-oir	voir
ſ-eing	ſeing	t-oux	toux	v-oit	voit
ſ-œur	ſœur	t-oit	toit	vr-ai	vrai
ſ-eul	ſeul	tr-ain	train	v-ue	vue
ſ-euil	ſeuil	tr-ait	trait	v-ues	vues
ſc-ie	ſc-ie	tr-aits	traits	y-eux	yeux

Monofyllabes & diffyllabes composés des monofyllabes précédens fimples.

air fier	cieux en feu	deuil de cour
ail-leurs	claie de bois	deux à deux
ait eu	clou droit	Dieux des dieux
Août chaud	clair & frais	doigt au trou
au mieux	chair crue	doigts courts
aux cieux	chaud & froid	doit tout
aient lieu	chaux et craie	doux au cœur
ainfi foit	chou fleur	droit et haut
bail-leur	cœur de roi	dragées fines
bain froid	chien fou	eau-de-vie
beau jeu	coing cuit	eux & vous
beaux jeux	coup de feu	œuf frais
bœuf noir	cou-teau	œufs cuits
bleu clair	cou-cou	œil de bœuf
bien fait	cou de bœuf	faux feing
biai-fer	courte joie	faim & foif
bou-quin	cours droit	fais bien
bou-eux	craie & chaux	faif-ceau
bout-à-bout	creux & plein	fait à tout
boif-feau	croix de buis	fait au tour
boute-feu	crois-moi	faix lourd
bruit fourd	cuir & chair	feu de bois
buis court	cuit au four	feux de nuit
cail-lou	crue d'eau	feint et faux
ceint au tour	dais en l'air	fier et haut
ciel bleu	dain vieux	fleur & fruit

foie de veau	joie au cœur	meurs&meurt
foi de roi	jouet à jouer	mie de pain
foin & grain	joue à joue	miel doux
fouet de cuir	jour & nuit	moi et eux
four chaud	joug & Juif	mois d'Août
frais et gai	Juin & Mai	moins bien
frein doux	laid & fou	mou-leur
froid noir	lait chaud	muet & sourd
fruits & fleurs	laie & loup	muids d'eau
fuir loin	l'air & l'eau	main à pied
gai & gué	lieu & Leu	neuf & trois
geai noir	lient tout	nie & nient
guet à pied	lieux saints	noir de peau
gueux à rouer	lieue loin	Noël & Jean
grains & foins	loi & loix	noue & nouent
grue en l'air	loin d'eux	noué en deux
grouin de truie	Louis trois	nous & eux
haie de buis	loup & laie	nuit & jour
haut & fier	lui & vous	nue & nuée
hier au soir	Mai & Juin	oit & oient
houx noueux	mail à jouer	oie & ouais
houe de bois	mainte fois	oui ouïes
huis clos	main-tien	oint & saint
huit fois	mais au moins	ouir & voir
Jean & Louis	Maur & Louis	ours noir
jeu d'oie	maux de cœur	pain cuit
jeu de main	meus et meut	paix de Dieu
j'eus hier.	le mien le tien	pays de Caux

paie de roi	quant & quand	soif & faim
pair laïc	quel qu'il soit	soi seul
paon en l'air	queue de loup	soin à tout
peau de chien	quoi qu'il ait	soir & soie
Paul & Louis	quint & quart	sois à moi
peur & fuir	qu'un y soit	soit & soient
peu-à-peu	qu'on le lie	sourd à tous
peint en beau	raye & rayent	sous la main
pieu de bois	raie & reins	suie en feu
pied à pied	Reims&Rouen	suit à pied
pied de roi	rien du tout	suif neuf
plaît à Dieu	Roi des Rois	suis-moi
plaint de tous	roue & rouet	taie à l'œil
plein d'eau	roux & bleu	tout & tous
plie & plient	rouet & roue	teint en noir
poids & poix	rue St. Louis	tient bien
pois en fleurs	sain & sauf	tout en haut
pleurs & pleut	Saint Leu	toit en feu
peut-on voir	saute en l'air	trait en trois
point du tout	sceau de roi	traits de feu
poing court	seing & sceaux	train de bois
poil roux	sein & saint	trois à trois
plaie au cœur	sœur de lait	Troie&Tours
pluie en l'air	saoul de tout	tour à tour
prie Dieu	seul à seul	trou & truie
prient tous	seuil de bois	vaurien
proue à l'eau	scie à main	veau cuit
puits & sceau	scieurs de bois	veaux noirs

vair & vieil	viens & vient	voit le jour
vœux au ciel	vieux oing	vois & voient
veut & vœux	voie de lait	vrai & faux
vie des Saints	voie en haut	voix & vue.

PIECE DE LECTURE

compofée de monofyllabes.

DIEU a fait le Ciel & tout ce qu'on voit fous les Cieux, tout ce qui eft dans les eaux, & en tous lieux. Il a fait le jour & la nuit.

Dieu voit tout. Il voit le bien & le mal qu'on fait. Il voit tout ce qui eft dans nos cœurs. Dieu fait tout ce qui lui plaît. Il a fait tout ce qui eft dans les airs. Il tient tous les biens dans fa main.

Dieu eft le Roi des Rois, le Saint des Saints, le Dieu des dieux. Nos vœux & nos cœurs font ce qui lui plaît le mieux. Quand on a la foi on croit tout ce qu'il a fait pour nous.

INSTRUCTION

Pour les Perfonnes qui enseignent à lire.

LEs fons compofés qui déterminent les différens temps des verbes, embarraffent long-temps les enfans. Pour y rémedier, on a fait entrer dans les pages 45, 46, 47 & 48, une fuite de verbes de deux, de trois & de quatre fyllabes, rangés par ordre alphabétique ; on a rapproché les terminaifons *ent*, *ant*, *ait*, & *aient*, que les enfans confondent ordinairement. Il faut avoir foin de les bien exercer fur ces différentes terminaifons, ils n'y trouveront plus aucune difficulté dans la fuite.

Les pages 49 & 50 contiennent une fuite de petites phrafes, où l'on a rapproché les verbes du mot qui n'est point verbe, pour faire comprendre aux enfans que les trois lettres *ent*, fe prononcent comme un *e* muet, à la fin d'un verbe ; & que ces trois lettres fe prononcent toutes à la fin de tous les autres mots.

Mots de deux syllabes.	Mots de trois syllabes.	Mots de quatre syllabes.
ai mer	a bat tre	ac cou tu mer
ai mant	a bat tant	ac cou tu mant
ai ment	a bat tent	ac cou tu ment
ai mait	a bat tait	ac cou tu mait
ai maient	a bat taient	ac cou tu maient
boi re	ba lan cer	bal bu ti er
bu vant	ba lan çant	bal bu ti ant
boi vent	ba lan cent	bal bu ti ent
bu vait	ba lan çait	bal bu ti ait
bu vaient	ba lan çaient	bal bu ti aient
chan ter	châ ti er	ca ra co ler
chan tant	châ ti ant	ca ra co lant
chan tent	châ ti ent	ca ra co lent
chan tait	châ ti ait	ca ra co lait
chan taient	châ ti aient	ca ra co laient
don ner	dé li vrer	dé mé na ger
don nant	dé li vrant	dé mé na geant
don nent	dé li vrent	dé mé na gent
don nait	dé li vrait	dé mé na geait
don naient	dé li vraient	dé mé na geaient
en fler	ef fa cer	é cha fau der
en flant	ef fa çant	é cha fau dant
en flent	ef fa cent	é cha fau dent
en flait	ef fa çait	é cha fau dait
en flaient	ef fa çaient	é cha fau daient

Mots de deux syllabes.	Mots de trois syllabes.	Mots de quatre syllabes.
for cer	fri caſ fer	fan fa ron ner
for çant	fri caſ ſant	fan fa ron nant
for cent	fri caſ ſent	fan fa ron nent
for çait	fri caſ ſait	fan fa ron nait
for çaient	fri caſ ſaient	fanfaronnaient
ga gner	gour man der	geſ ti cu ler
ga gnant	gour man dant	geſ ti cu lant
ga gnent	gour man dent	geſ ti cu lent
ga gnait	gour man dait	geſ ti cu lait
ga gnaient	gour man daient	geſ ti cu laient
ha cher	ha bi ter	her bo ri ſer
ha chant	ha bi tant	her bo ri ſant
ha chent	ha bi tent	her bo ri ſent
ha chait	ha bi tait	her bo ri ſait
ha chaient	ha bi taient	her bo ri ſaient
jou er	jar di ner	juſ ti fi er
jou ant	jar di nant	juſ ti fi ant
jou ent	jar di nent	juſ ti fi ent
jou ait	jar di nait	juſ ti fi ait
jou aient	jar di naient	juſ ti fi aient
lui-t	la bou ré	lé gi ti mé
lui re	la bou rer	lé gi ti mer
lui ſant	la bou rant	lé gi ti mant
lui sent	la bou rent	lé gi ti ment
lui sait	la bou rait	lé gi ti mait
lui saient	la bou raient	lé gi ti maient

Mots de deux syllabes.	_Mots de trois syllabes._	_Mots de quatre syllabes._
man quer	maſ ſa crer	mor ti fi er
man quant	maſ ſa crant	mor ti fi ant
man quent	maſ ſa crent	mor ti fi ent
man quait	maſ ſa crait	mor ti fi ait
man quaient	maſſa craient	mor ti fi aient
na ger	né to yer	né go ci er
na geant	né to yant	né go ci ant
na gent	né to yent	né go ci ent
na geait	né to yait	né go ci ait
na geaient	né to yaient	né go ci aient
ou vrir	or don ner	or ga ni ſer
ou vrant	or don nant	or ga ni ſant
ou vrent	or don nent	or ga ni ſent
ou vrait	or don nait	or ga ni ſait
ou vraient	or don naient	or ga ni ſaient
pein dre	par cou rir	phi lo ſo pher
pei gnant	par cou rant	phi lo ſo phant
pei gnent	par cou rent	phi lo ſo phent
pei gnait	par cou rait	phi lo ſo phait
pei gnaient	parcouraient	phi lo ſo phaient
quit te	que rel le	queſ ti on ne
quit ter	que rel ler	queſ ti on ner
quit tant	que rel lant	queſ ti on nant
quit tent	que rel lent	queſ ti on nent
quit tait	que rel lait	queſ ti on nait
quit taient	que rel laient	queſ ti on naient

Mots de deux syllabes.	Mots de trois syllabes.	Mots de quatre syllabes.
ren dre	ré pon dre	re com men cer
ren dant	ré pon dant	recommençant
ren dent	ré pon dent	recommencent
ren dait	ré pon dait	re com mençait
ren daient	ré pon daient	re com mençaient
fouf frir	fou met tre	fa cri fi er
fouf frant	fou met tant	fa cri fi ant
fouf frent	fou met tent	fa cri fi ent
fouf frait	fou met tait	fa cri fi ait
fouf fraient	fou met taient	fa cri fi aient
tor dre	té moi gner	tran quil li fer
tor dant	té moi gnant	tran quil li fant
tor dent	té moi gnent	tran quil li fent
tor dait	té moi gnait	tran quil li fait
tor daient	té moi gnaient	tran quil li faient
vou loir	ven dan ger	ver ba li fer
vou lant	ven dan geant	ver ba li fant
veu lent	ven dan gent	ver ba li fent
vou lait	ven dan geait	ver ba li fait
vou laient	ven dan geaient	ver ba li faient

EXEMPLES.

EXEMPLES.

Qui font voir que les lettres ent *ont le même fon que l'e muet, à la fin des mots auxquels on peut joindre* ils *ou* elles *; mais qu'elles fe prononcent à la fin de tous les autres mots.*

Les hom mes s'ai ment
ra re ment.

Les oi feaux cou vent
fou vent.

Les en fans ai ment
le mou ve ment.

Les pa ref feux s'a ni ment
dif fi ci le ment.

Les hon nê tes gens s'ef ti ment
mu tu el le ment.

Les da mes s'ex pri ment
dé li ca te ment.

Les chi mè res fe for ment
aifé ment.

Les sen su els dor ment
mol le ment.   C

Les bons li vres s'im pri ment
    foi gneu fe ment.

Les pe tits en fans s'ac cou tu ment
    fa ci le ment.

Les pol trons s'a lar ment
    ai fé ment.

Les ours fe ren fer ment
    é troi te ment.

Les grands dé fauts fe ré for ment
    ra re ment.

Les a va res s'en dor ment
    dif fi ci le ment.

Les mau vais li vres fe fup pri ment
    promp te ment.

Les vieil lards s'en rhu ment
    fa ci le ment.

INSTRUCTION

Pour les Perſonnes qui enſeignent à lire.

ICI commencent les premières leƈtures ſuivies, imprimées en caraƈtères romain & italique. On a cru devoir préſenter d'abord aux enfans les prières qu'ils doivent réciter tous les jours, & qu'on ne ſaurait trop tôt leur apprendre L'unique moyen d'y réuſſir, c'eſt de les leur faire lire & relire, juſqu'à ce qu'ils les ſachent paſſablement par cœur : on les a miſes, d'un côté, à ſons ſéparés, de l'autre, à ſons liés. Cette première opération prépare à la ſeconde : il faut toujours ſuivre ce procédé, juſqu'à ce que les enfans ſoient fermes dans la leƈture.

Il faut leur faire lire & apprendre également par cœur les pièces de leƈture qui ſe trouvent aux pages 60 & ſuivantes.

L'O rai son Do mi ni ca le.

NOTRE Pè re qui ê tes aux Ci eux : que vo tre nom soit sanc ti fi é : que vo tre rè gne ar ri ve : que vo tre vo lon té soit fai te en la ter re com me au ci el : don- nez-nous au jour d'hui no tre pain quo ti- di en , & nous par don nez nos of fen ses, com me nous les par don nons à ceux qui nous ont of fen sés , & ne nous in dui sez point en ten ta ti on ; mais dé li vrez-nous du mal.

Ain si soit-il.

La Sa lu ta ti on Angé li que.

JE vous sa lu e Ma ri e , plei ne de gra ces, le Sei gneur est à vec vous : vous ê tes bé ni e en tre tou tes les fem mes ; & Jé sus, le fruit de vo tre ven tre , est bé ni.

Sain te Ma ri e , mè re de Di eu , pri ez pour nous pau vres pé cheurs , main te nant & à l'heu re de no tre mort.
Ain si soit-il.

L'Oraison Dominicale.

NOTRE Père qui êtes aux Cieux : que votre nom soit sanctifié : que votre règne arrive : que votre volonté soit faite en la terre comme au ciel : donnez-nous aujourd'hui notre pain quotidien , & nous pardonnez nos offenses , comme nous les pardonnons à ceux qui nous ont offensés , & ne nous induisez point en tentation ; mais délivrez-nous du mal.
Ainsi soit-il.

La Salutation Angélique.

JE vous salue Marie , pleine de graces , le Seigneur est avec vous : vous êtes bénie entre toutes les femmes ; & Jésus , le fruit de vôtre ventre , est béni.

Sainte Marie , mère de Dieu , priez pour nous pauvres pécheurs , maintenant & à l'heure de notre mort.
Ainsi soit-il.

C 3

La Con fes si on des pé chés.

JE con fes se à Di eu Tout-puis
sant, à la bi en heu reu se Ma ri e
tou jours Vi er ge, à Saint Mi chel
Ar chan ge, à Saint Jean-Bap tis te
aux A pô tres Saint Pi er re et Saint
Paul, et à tous les Saints, que j'ai
beau coup pé ché par pen sé es, par
pa ro les et par ac ti ons : c'est ma
fau te, c'est ma fau te, c'est ma
très-gran de fau te. C'est pour quoi
je sup pli e la Bi en heu reu se Mari e tou jours Vi er ge, Saint Mi chel
Ar chan ge, Saint Jean-Bap tis te,
les A pô tres Saint Pi er re et Saint
Paul, et tous les saints, de pri er
pour moi le Sei gneur no tre Di eu.

La Confession des péchés.

JE confesse à Dieu Tout-puissant à la Bienheureuse Marie toujours Vierge, à Saint Michel Archange, à Saint Jean-Baptiste, aux Apôtres Saint Pierre et Saint Paul, à tous les Saints, que j'ai beaucoup péché par pensées, par paroles et par actions : c'est ma faute, c'est ma faute, c'est ma très-grande faute. C'est pourquoi je supplie la Bienheureuse Marie toujours Vierge, saint Michel Archange, saint Jean-Baptiste, les Apôtres Saint Pierre et saint Paul, et tous les saints, de prier pour moi le Seigneur notre Dieu.

C 4

Les Com man de mens de Di eu.

UN feul Di eu tu a do re ras,
Et ai me ras par fai te ment.
Di eu en vain tu ne ju re ras,
Ni au tre cho fe pa reil le ment.
Les Di man ches tu gar de ras,
En fer vant Di eu dé vo te ment.
Tes pè re & mè re ho no re ras,
A fin que tu vi ves lon gue ment.
Ho mi ci de point ne fe ras,
De fait ni vo lon tai re ment.
Lu xu ri eux point ne fe ras,
De corps ni de con fen te ment.
Le bien d'au trui tu ne-pren dras,
Ni re ti en dras à ton ef ci ent.
Faux té moi gna ge ne diras,
Ni men ti ras au cu ne ment.
L'œu vre de la chair ne dé fi re ras,
Qu'en ma ri a ge feu le ment.
Biens d'au trui ne con voi te ras,
Pour les avoir in juf te ment.

Les Commandemens de Dieu.

Un seul Dieu tu adoreras,
Et aimeras parfaitement.
Dieu en vain tu ne jureras,
Ni autre chose pareillement.
Les Dimanches tu garderas,
En servant Dieu dévotement.
Tes père & mère honoreras,
Afin que tu vives longuement.
Homicide point ne feras,
De fait ni volontairement.
Luxurieux point ne feras,
De corps ni de consentement.
Le bien d'autrui tu ne prendras,
Ni retiendras à ton escient.
Faux témoignage ne diras,
Ni mentiras aucunement.
L'œuvre de la chair ne désireras,
Qu'en mariage seulement.
Biens d'autrui ne convoiteras,
Pour les avoir injustement.

C 5

Les Commandemens de l'Eglise.

LEs fêtes tu sanctifieras,
Qui te sont de commandement.
Les Dimanches la Messe ouïras,
Et les Fêtes pareillement.
Tous tes péchés confesseras,
A tout le moins une fois l'an.
Ton Créateur tu recevras,
Au moins à Pâques humblement.
Quatre-temps, vigiles, jeûneras,
Et le carême entièrement.
Vendredi chair ne mangeras,
Ni le samedi mêmement.

———

La Bénédiction de la Table.
Au nom du Père, & du Fils, & du St. Esprit.
Ainsi soit-il.

QUE la main de Jésus-Christ nous bénisse, & la nourriture que nous allons prendre.

Graces.
Au nom du Père, & du Fils, &c.

NOus vous rendons graces de tous vos bienfaits, ô Dieu Tout-puissant, qui vivez & régnez dans tous les siècles des siècles. Ainsi soit-il.

Les Commandemens de l'Eglife.

LEs Fêtes tu fanctifieras,
Qui te font de commandement.
Les Dimanches la Meffe ouïras,
Et les Fêtes pareillement.
Tous tes péchés confefferas,
A tout le moins une fois l'an.
Ton Créateur tu recevras,
Au moins à-Pâques humblement.
Quatre-temps, vigiles, jeûneras,
Et le carême entièrement.
Vendredi chair ne mangeras,
Ni le famedi mêmement.

La Bénédiction de la Table.

Au nom du Père, & du Fils, & du S. Efprit.
Ainfi foit il.

QUE la main de Jéfus-Chrift nous béniffe, & la nourriture que nous allons prendre.

Graces.

Au nom du Père, & du Fils, &c.

NOus vous rendons graces de tous vos bienfaits, ô Dieu Tout-Puiffant, qui vivez & régnez dans tous les fiècles des fiècles. Ainfi foit-il.

I dé e de Di eu & de ſon pou voir ſur tou tes les cré a tu res.

CE Di eu , Maî tre ab ſo lu de la Ter re et des Ci eux.

N'est point tel que l'er reur le fi-gu re à vos yeux.

L'É ter nel est son nom ; le Mon de est son ou vra ge.

Il en tend les sou pirs de l'hum ble qu'on ou tra ge ;

Ju ge tous les mor tels a vec d'é-ga les lois ,

Et du haut de son Trô ne , in ter-ro ge les Rois.

Des plus fer més É tats la chu te é pou van ta ble.

Quand il veut , n'est qu'un jeu de sa main re dou ta ble.

Es ther , Tra gé di e de M. Ra ci ne.

Idée de Dieu et de son pouvoir sur toutes les créatures.

Ce Dieu, Maître absolu de la Terre et des Cieux
N'est point tel que l'erreur le figure à vos yeux.
L'Éternel est son nom; le Monde est son ouvrage.
Il entend les soupirs de l'humble qu'on outrage;
Juge tous les mortels avec d'égales lois,
Et, du haut de son Trône, interroge les Rois.
Des plus fermes Etats la chute épouvantable,
Quand il veut, n'est qu'un jeu de sa main re-
doutable.

Idée de Dieu et de son pouvoir sur toutes les créatures.

Ce Dieu, Maître absolu de la terre et des Cieux,
N'est point tel que l'erreur le figure à vos yeux.
L'Eternel est son nom ; le Monde est son ouvrage.
Il entend les soupirs de l'humble qu'on outrage ;
Juge tous les mortels avec d'égales lois,
Et du haut de son Trône, interroge les Rois,
Des plus fermes Etats la chute épouvantable.
Quand il veut, n'est qu'un jeu de sa main redoutable

Esther, Tragédie de M. Racine.

Autre idée de la toute-puissance de Dieu.

Même Tragédie.

QUE peuvent contre lui tous les
    Rois de la terre ?
En vain ils s'uniraient pour lui faire
    la guerre.
Pour dissiper leur ligue, il n'a qu'à
    se montrer ;
Il parle, & dans la poudre il les
    fait tous rentrer.
Au seul son de sa voix, la mer fuit,
    le ciel tremble ;
Il voit comme un néant tout l'univers ensemble,
Et les faibles humains, vains jouets
    du trépas,
Sont tous devant ses yeux comme
    s'ils n'étaient pas.

Autre idée de la toute-puissance de Dieu

Même Tragédie.

QUE peuvent contre lui-tous les rois de la terre?
En vain ils s'uniraient pour lui faire la guerre.
Pour dissiper leur ligue, il n'a qu'à se montrer;
Il parle, & dans la poudre il les fait tous rentrer.
Au seul son de sa voix, la mer fuit, le ciel tremble;
Il voit comme un néant tout l'univers ensemble;
Et les faibles humains, vains jouets du trépas,
Sont tous devant ses yeux comme s'ils n'étaient pas.

Autre idée de la toute-puissance de Dieu

Même Tragédie.

QUE peuvent contre lui tous les rois de la terre?
En vain ils s'uniraient pour lui faire la guerre.
Pour dissiper leur ligue, il n'a qu'à se montrer:
Il parle, & dans la poudre il les fait tous rentrer.
Au seul son de sa voix, la mer fuit, le ciel tremble;
Il voit comme un néant tout l'univers ensemble;
Et les faibles humains, vains jouets du trépas,
Sont tous devant ses yeux comme s'ils n'étaient pas.

Au tre mor ceau de M. Ra ci ne.

J'Ai vu l'im pi e a do ré ſur la ter re :
Pa reil au cè dre , il por tait dans les ci eux,
  Son front au da ci eux :
Il ſem blait , à ſon gré , gou ver ner le
  ton ner re ;
Fou lait aux pieds ſes en ne mis vain cus.
Je n'ai fait que paſ ſer ; il n'é tait dé jà plus.

Por trait de l'hy po cri te.

Par M. Rouſ ſeau.

L'Hy po cri te , en frau des ſer ti le ,
Dès l'en fan ce , eſt pé tri de fard ;
Il ſait co lo rer a vec art
Le fi el que ſa bou che dis til le ,
Et la mor ſu re du ſer pent
Eſt moins ai gu ë & moins ſub ti le ,
Que le ve nin ca ché que ſa lan gue
 ré pand.

Autre morceau de M. Racine.

J'Ai vu l'impie adoré sur la terre :
Pareil au cédre, il portait dans les cieux,
    Son front audacieux :
Il semblait, à son gré, gouverner le ton-
    nerre ;
Foulait aux pieds ses ennemis vaincus.
Je n'ai fait que passer, il n'était déja plus.

Portrait de l'hypocrite.

Par M. Rousseau.

L'Hypocrite, en fraudes fertile,
Dès l'enfance, est pétri de fard,
Il fait colorer avec art
Le fiel que sa bouche distille ;
Et la morsure du serpent
Est moins aiguë & moins subtile,
Que le venin caché que sa langue répand.

Stan ces fur la Mort.

LA Mort a des ri gueurs à nul le au tre
    pa reil les :
On a beau la pri er ;
La cruel le qu'el le eſt , ſe bou che les
    o reil les ,
Et nous laiſ ſe cri er.
Le pau vre en ſa ca ba ne , où le chau me
    le cou vre ,
Eſt ſu jet à ſes loix ;
Et la gar de qui veil le aux bar ri è res
    du Lou vre ,
N'en dé fend pas les Rois.

Stan ces fur la Mort.

LA Mort a des ri gueurs á nul le au tre
    pa reil les :
On a beau la pri er ;
La cru el le qu'el le eſt , ſe bou che les
    o reil les ,
Et nous laiſſe cri er.
Le pau vre en ſa ca ba ne , où le chau me
    le couvre ,
Eſt ſu jet á ſes loix ;
Et la gar de qui veil le aux bar ri è res du
    Lou vre ,
N'en dé fend pas les Rois.

Stances sur la Mort.

LA Mort a des rigueurs à nulle autre
    pareilles :
  On a beau la prier ;
La cruelle qu'elle est, se bouche les oreilles,
    Et nous laisse crier.
Le pauvre en sa cabane, où le chaume le
    couvre,
    Est sujet à ses loix ;
Et la garde qui veille aux barrières du
    Louvre,
    N'en défend pas les Rois.

Stances sur la Mort.

LA Mort a des rigueurs à nulle autre
*   pareilles.*
* On a beau la prier ;*
La cruelle qu'elle est, se bouche les oreilles,
*   Et nous laisse crier.*
Le pauvre en sa cabane, où le chaume le
*   couvre,*
*   Est sujet à ses loix ;*
Et la garde qui veille aux barrières du
*   Louvre,*
*   N'en défend pas les Rois.*

INSTRUCTION

Pour les Perſonnes qui enſeignent à lire.

S'Il ſe trouve quelque enfant qui ne ſache point lire après ces différentes leçons , il ne faut pas aller plus loin , parce-que les règles et les opérations ſuivantes ne ſont deſtinées qu'à perfectionner la lecture, & à donner aux enfans les premières idées de l'orthographe & de la prononciation. Il n'y a alors d'autre parti à prendre , que de faire recommencer à l'élève tardif, les élémens de lecture qu'il a déjà vus, ſimples ou compoſés, ſuivant que les premiers eſſais auront plus ou moins réuſſi.

On trouve ici , depuis la page 69 juſqu'à la page 84 , une ſuite de voyelles & conſonnes ſimples & compoſées , placées ſuivant l'ordre alphabétique , avec des exemples qui rendent familière la différente prononciation de ces voyelles ou conſonnes. Il faut faire lire cette partie avec le plus grand ſoin , & y revenir plus d'une fois : le plus ſûr moyen serait de la faire écrire , dès que les enfans ſont en état de modeler leurs lettres.

Des voyelles longues & des voyelles brèves.

Les voyelles longues sont celles qui se prononcent lentement.	Les voyelles brèves, sont celles qui se prononcent promptement.
EXEMPLES.	EXEMPLES.
le hâle,	une halle,
un mâtin,	le matin,
un mâle,	une malle,
une châſſe,	la chaſſe,
de la pâte,	une patte,
une tâche,	une tache,
un hêtre,	une herſe,
un prêtre,	une prêtreſſe,
un gíte,	le giron,
un goître,	un goinfre,
un cloître,	une cloiſon,
une bûſe,	un buste,
une muſe,	une mule.

ai se prononce *é.*

on écrit, on prononce,	*ai* se prononſe *é.* on écrit, on prononce,
j'aimai j'émé	baiſſer bèſſer
je donnai je donné,	abaissement abèſſement
je lirai je liré,	biaiſer bièſer,
je ferai je feré,	caiſſier kèſſier,
	niaiſer nièſer,

ay se prononce *ey.* on écrit, on prononce.

	mauvais mauvès,
crayon créyon,	naître nètre,
rayon réyon,	maître mètre,
payer péyer,	notaire notère,
pays péïs,	plaire plère,

c final ne se prononce poin' devant une consonne.	c final se prononce devant une voyelle,
EXEMPLES.	EXEMPLES.
blanc raisin,	du blanc au noir,
clerc novice,	de clerc à maître,
franc fripon,	franc étourdi,
porc frais,	porc-épic,
marc d'or,	Marc · Antoine.

c se prononce à la fin de plusieurs mots.	c ne se prononce point lorsqu'il est suivi d'une consonne. Il faut écrire,
EXEMPLES.	
almanac ammoniac,	un estomac plein,
estomac tabac,	du tabac d'Espagne,
aspect avec,	mais il faut prononcer,
aspic syndyc,	estoma plein,
baroc estoc,	taba d'Espagne.
musc Turc.	

ch se prononce che & ke.	chr se prononce kre.
EXEMPLES.	EXEMPLES.
change Archange,	Chrétien,
charité Eucharistie,	Saint-Chrême,
afficheur chœur,	Chrétiennement,
échope chorographie	Christophe,
chocolat chorus,	Christianisme,
choc écho,	Chronique,
chute catéchumène,	Chronographe,
chymie,	Chronologie,
chuchotter,	Chrysalyde.
Chinois,	

em a quelquefois le même | *en* a quelquefois le même
son qu'*am*. | son qu'*an*.

ambition	empire,	avant	avent,
ample	emploi,	bannir	mentir,
flamme	femme,	demande	amende,
lampe	remplir,	fange	fente,
tambour	temple,	landes	lente.

ain, *ein*, *in*, ont le même | *eau* a le même son que *au.*
son.

dedain, deſſein, deſtin ;	anneau	naufrage,
eſſaim, refrein, mutin,	bateau	taupe,
grain, feint, fin,	bedeau	daube,
faim, plein, vin,	caveau	vautour,
humain, ſerein, ſerin,	flambeau	baume,
pain, peint, pin,	gâteau	autel,
plainte, teinte, ſinge ;	hameau	mauve,
ſainte, feinte, quinte.	morceau	ſauce,
	pinceau	fauteur,
	rouleau	laudes.

aen, *ean*, *ent*, *aon*, ſe prononcent *an* ; ils ont le
même ſon dans

Caen, Jean, dènt, paon, faon, Laon.
excepté taon & taonner.
c ſe prononce *ſ* & *k*.
EXEMPLES.

façade	arcade,	maçon	Mâcon,
glaçon	balcon,	forçat	placard,
Provençale	caſcade,	conçu	vaincu,
rançon	flacon,	rinçures	rancune,
garçon	gaſton,		

c fe prononce quelquefois *g*.

EXEMPLES.

on écrit,	on prononce,
Claude	Glaude,
cicogne	cigogne,
fecond	fegond,
fecondement	fegondement,
feconder	fegonder,
fecret	fegret,
fecrétaire	fegrétaire,
fecrétariat	fegrétariat.

d fe prononce *t* à la fin des mots, lorfqu'il eft fuivi d'une voyelle ou d'une *h* non afpirée.

EXEMPLES.

on écrit,	on prononce,
grand apôtre	grant apôtre,
grand écrivain	grant écrivain,
grand homme	grant homme,
fecond hymenée	fecont hymenée,
fecond article	fecont article,
quand il boit	quant il boit,
quand on veut	quant on veut,
vend il ?	vent-il ?
vend-elle ?	vent-elle ?
vend-on ?	vent-on ?
fe défend-il?	fe défent-il?
perd-elle ?	pert-elle ?

On fupprime le *d* dans le mot *pied*. On dit, *mettre pié à terre*, & non pas *piéd à terre*.

c eft

e eſt ouvert dans tous les monoſyllabes terminés par une *s.*

Il faut prononcer,

ces , des , les , mes , ſes , tes ,

comme s'il y avait l'accent grave.

cès , dès, lès , mès , sès , tès ,

Il y a une exception pour le diſcours familier , on le prononce fermé , comme s'il y avait l'accent aigu.

on écrit,	on prononce,
ces livres	cés livres ,
des hommes	dés hommes,
les femmes	lés femmes,
mes gens	més gens ,
ſes habits	ſés habits,
tes meubles	tés meubles,

eu ſe prononce comme *u.*

on écrit,	on prononce,
Euſtache	Uſtache
à jeun	à jun

e eſt encore ouvert devant quelques conſonnes.

appel	j'appelle.
bel	belle
cartel	il écartelle
chancel	il chancelle
hydromel	hirondelle
nouvel	nouvelle
amer	cancer
enfer	Jupiter
hier , fier , mer , &c.	

e eſt fermé devant une conſonne dans les mots ſuivans.

on écrit,	on prononce,
amandier	amandié
barbier	barbié
cordelier	cordelié
damier	damié
jardinier	jardinié
ouvrier	ouvrié
patiſſier	patiſſié
ſavetier	ſavetié.

gm ſe prononce *gue me* dans pluſieurs mots.

on écrit ,	on prononce ,
ſtigmates	ſti gue ma tes
augmenter	au gue men ter
diaphragme	dia phra gue me
énigmatique	é ni gue ma tique.

D

gn se prononce *gue-ne* dans quelques mots.

on écrit	on prononce
inexpugnable	in ex pug na ble
magnétique	mag né ti que
gnôme	gnô me

gn a un son mouillé dans les mots suivans :

on écrit	on prononce
assignation	assiniation
assigner	assinier
magnifique	magnifique
signer	sinier

on écrit	on prononce
incognito	incognito ,

comme dans

épargne , épagneul.

h aspirée. On prononce l'h. dans les mots suivants.	h non aspirée. On ne prononce point l'h. dans les mots suivants.	h ne se prononce point quand elle est après une consonne.	
		on écrit	on prononce.
hache	habit	l'heure	leure
haro	habile	l'histoire	listoire
héros	héroïne	l'honneur	lonneur
hibou	histoire	l'humeur	lumeur
hotte	hôte	théologie	téologie
hûre	heure	adhérer	adérer
housse	horloge	rhéteur	réteur
hautbois	hôpital	Rhin	Rin
houlette	hôtel	Rhône	Rône
Hollande	hostilité	rhubarbe	rubarbe
huguenot	humanité.	rhume	rume.

Une *l* simple ou deux *ll* précédées de la voyelle *i*
ont un son liquide ou mouillé

ail	*aille.*	*eil*	*eille*
bail	bataille	appareil	abeille
cail	canaille	conseil	corbeille
corail	écaille	orgueil	groseille
détail	futaille	orteil	treille
émail	grisaille	pareil	pareille
gaillard	limaille	réveil	merveille
mail	muraille	sommeil	sommeille
portail	paille	soleil	oseille
férail	tenaille	vermeil	vermeille
éventail	Versailles	vieil	vieille.

il	*ille*	*ouil ouille*	*euil euille*
Avril	anguille	fenouil	Auteuil
chenil	cheville	andouille	Argenteuil
gril	étrille	verouil	Arcueil
fournil	famille	bredouille	cerfeuil
mil *graine*	mandille	citrouille	Choiseuil
nombril	quille	dépouille	écureuil
péril	pointille	gazouille	fauteuil
persil	quadrille	grenouille	feuille
sillon		farfouille	seuil
		gargouille	veuille
exception		patrouille	
Gille	ville	rouille	
mil *nombre*	mille	souillure.	
subtil	subtile.		

D 2

m se prononce quelquefois *n.*

EXEMPLES

on écrit	on prononce
Ambaſſade	Anbaſſade
bombarder	bonbarder
compter	conpter
combien	conbien
damnation	dannation
emmener	enmener
exempter	exenpter
importun	inportun
nombre	nonbre
ombrage	onbrage
pompeux	ponpeux
prompt	pronpt
Samſon	Sanſon.

m ſe prononce dans les mots ſuivans.

Amſterdam	immobile
amniſtie	inſomnie
calomnie	préſomptif
exemption	ſomptueux
hymne	ſomnambule
indemnité	ſymptôme
immédiat	immenſe.

n à la fin des monoſyllabes ſe joint toujours à la voyelle ſuivante, & à l'*h* non aſpirée.

EXEMPLES.

on écrit	on prononce
bien adroit	bié n'adroit
bien inſtruit	bié n'inſtruit
bien ombragé	bié n'ombragé
bien utile	bié n'utile
bien habile	bié n'habile
bien heureux	bié n'heureux
bien hiſtorié	bié n'hiſtorié
bienhonnête	bié n'honnête
bien humide	bié n'humide
on avance	o n'avance
l'on inſtruit	l'o n'inſtruit
bon enfant	bo n'enfant
mon ouvrage	mo n'ouvrage
rien en tout	rié n'en tout
ſon ami	ſo n'ami
ton habit	to n'habit
mon honneur	mo n'honneur

oi fe prononce *oi* & *è*. | *ph* fe prononce *f.*

EXEMPLES. | EXEMPLES.

avoir	avoit *ou* avait	Phaëton
boire	buvoit *ou* buvait	alpha
croifée	criait	Pharaon
devoir	devait	afphalte
exploit	contemplait	pharmacie
foire	faible	emphâfe
gloire	Anglais	phrafe
hiftoire	j'étais	emphatique
mâchoire	mâchait	Phébus
noire	connaît	prophête
poire	coupait	phénomène
roitelet	raide	prophétique
foirée	penfait	Amphion
toifon	comptait	philtre
voirie	lirait	amphibie
Chinois	connais	géographie
Danois	Charolais	philofophie
S. François	Français	phyfique
Gaulois	Bordelais	métaphore
l'Artois	Ecoffais	phofphore.
Génois	Hollandais	
Siamois	Bourbonnais.	

Il n'y a que l'ufage qui apprenne cette différence.

pt fe prononce auffi *ps.*

E X E M P L E S.

aptitude   nuptial
adoptif   adoption
corruptible   corruption
Egypte   Egyptien
inepte   ineptie
préfomptif   préfomption
optique   option
obreptice   obreption
foufcripteur   foufcription
fubreptice   fubreption

pt fe prononce quelquefois
fimplement *t.*

E X E M P L E S.

on écrit	on prononce
Apt *ville*	At
baptême	batême
compte	conte
ptisane	tisane
présomptif	présomtif
fomptueux	fomtueux
fept	fet
feptième	fetième
fymptôme	fymtôme
fculpteur	fculteur
fculpture	fculture.

p fe prononce à la fin des
monofyllabes , devant une
voyelle ou une *h* non afpirée.

E X E M P L E S.

trop aimable trop habile
trop étourdi trop héroïque
trop infolent trop hiftorié
trop opulent trop honorable
trop utile   trop humain.

p ne fe prononce pas avant une confonne ou une *h* afpirée.

trop badin.   trop hardi
trop délicat   trop hériffé
trop difficile   trop hideux
trop colère   trop honteux
trop durement trop hupé.

on ne prononce point le *p* dans le
mot *loup.*

---

q fe prononce à la fin des mots *cinq*
& *coq* , lorfqu'ils font avant une
voyelle ou une *h* afpirée.

cinq amandes un coq étranger
cinq hommes un coq irrité.

q ne fe prononce point devant une
confonne.

on écrit	on prononce
cinq figues	cin figues
cinq pommes	cin pommes
un coq d'inde	un co d'inde

qua ſe prononce *coua* dans les mots ſuivans.

on écrit	on prononce
aquatique	acouatique
équateur	écouateur
équation	écouation
quadragénaire	couadragénaire
quadrangulaire	couadrangulaire
quadragéſime	couadragéſime
quadrature	couadrature
quadrupède	couadrupède
des in-quarto	des in-couarto

quinqua ſe prononce *coin-coua* dans les mots ſui-vans.

on écrit	on prononce
quinquagénaire	couincouagénaire
quinquagéſime	couincouagéſime
quinconce	cuinconce
Quintilien	Cuintilien
Quinte-curce	Cuinte-curce
équeſtre	écueſtre
queſteur	cueſteur

r ſe prononce douce-ment à la fin des mots, lorſqu'il est ſuivi d'une voyelle ou d'une *h* non aſpirée.

aimer ardemment
ſervir efficacement
partir incognito
parler obligeamment
ſe préſenter humblement
arriver heureuſement
ſe retirer honnêtement

r ne ſe prononce point lorſqu'il eſt ſuivi d'une conſonne ou d'une *h* aſpirée.

on prononce ſans *r*

aimer tendrement
ſervir proprement
partir ſecrètement
parler facilement
ſe préſenter hardiment
publier hautement
ſe retirer honteuſement

D 4

deux ſſ entre deux voyelles se prononcent toutes deux	ſ entre *deux* voyelles a le son d'un *z*	ſ se prononce *z* à la fin des mots , lorsqu'il est suivi d'une voyelle ou l'un- *h* non aspirée.	*exception pour le discours familier où l'on dit sans s.*
baſſe	baſe	bons amis	ſages & vertueux
baſſin	baſin	grands ennemis	belles & bonnes
boiſſeau	oiſeau	gros intérêts	bonnes à manger
buiſſon	oiſon	petits obstacles	douces au goût.
chaſſer	cauſer	anciens uſages	*comme s'il y*
chauſſe	choſe	longues habitu	*avait*
couſſin	couſin	des	ſage & vertueux
écreviſſe	égliſe	premiers hon-	belle & bonne
maſſue	maſure	neurs	bonne à manger
moiſſon	maiſon	après eux	douce au goût.
poiſſon	poiſon	mes ouvrages	
roſſe	roſe	les officiers	ſ se prononce toujours à la fin des noms propres.
ruiſſeau	roſeau	les affronts	
taſſe	extaſe	leurs amis	
vaſſal	vaſe	les ennemis	Agnus
châſſe		nos enfans	Bacchus
ressusciter	*on excepte*	bonnes affaires	Belus
préssentir	préſéance	tes offres	Cadmus
préssentiment	préſuppoſer	ſes appas	Créſus
s précédée d'une consonne		tous enſemble	Darius
ce prononce se		très éloquent	Danaüs
danse	perſécuté	très honnête	Iris, Mars
défense	senſé.	vous & moi	Momus
Excepté dans les mots		ils iront	Phalaris
transiger		elles en ſont	Pirithoüs
transition			Romulus
transaction			Sémiramis.

sc *se* prononce *ſç*, dans les mots suivans.

ſcaramouche
ſcapulaire
Scamandre
ſcandale
ſcarification
Scaron
ſcribe
Scot
ſcorbut
ſcorpion
ſculpteur
ſcrupule
ſcrutin

Quelquefois *t* ne ſe prononce point à la fin des mots.

EXEMPLES.

avant
aſpect
diſtrict
inſtinct
reſpect
ſuſpect

sc ſe prononce *ſe* dans les mots ſuivans

ſcélérat
ſcène
ſceptre
ſceaux
ſcier
ſcience
ſciure
ſcion
faiſceaux

on écrit

ſchiſme

on prononce

chiſme.

aſpect agréable
diſtrict étendu
inſtinct admirable
reſpect infini
ſuſpect en tout.

t ſe prononce à la fin des mots, lorſqu'il est ſuivi d'une voyelle ou d'une *h* non aſpirée.

EXEMPLES.

fort aimable
fort entier
tout entier
cent hommes
petit ignorant
ſavant écrivain
ſavant homme

t ne ſe prononce point, lorſqu'il est ſuivi d'une conſonne ou d'une *h* aſpirée.

EXEMPLES.

fort content
fort honteux
tout nouveau
tout hors d'haleine
petit faquin

il faut auſſi dire ſans *t*

un fort imprenable
un enfant inſtruit
un port à couvert
ſavant & poli, &c.

tia ſe prononce auſſi *ſia*

EXEMPLES

Aſtianax   Abbatial
beſtial   initial
beſtialité   Martial
tiâre   nuptial

D 5

tie se prononce aussi *sie.*

EXEMPLES.

amnistie aristocratie
amitié balbutier
amortie démocratie
hostie essentiel
moitié ineptie
ortie initier
partie minutie
rôtie prophétie.

tio se prononce *sio.*

EXEMPLES.

bastion action
combustion collation
gestion faction
question nation.

tieux se prononce toujours *cieux*

EXEMPLES.

ambitieux
captieux
facétieux
factieux
séditieux

tien se prononce toujours *tien.*

EXEMPLES.

chrétien
entretien
maintien
soutien.

à l'exception des deux mots

Capétien
Egyptien.

u forme un son séparé de l'*i*, dans les mots suivans.

Ambiguité, aiguille, aiguiser, appui, autrui, aujourd'hui, buisson, conduire, cuivre, fluïde, Guise, instruire, luire, muids, nuire, puise, ruine, suivre, suïcide, traduire, &c.

l'*u* se confond avec l'*i* dans les mots suivans.

anguille, béguine, béquille, bourguignon, déguiser, figuier, guide, guider, Guillaume, guillemet, guise, sanguinaire, vuide, vuider, &c.

x se prononce qs dans les mots suivans.	x se prononce gz dans les mots suiv.	x a le son de deux ss dans les mots suiv.	x a le son du z dans les mots suivans. on écrit, on prononce
Alexandre	examen	Auxerre	sixain sizain
Alexis	exemple	soixante	sixième sizième
Axiôme	exiler	Bruxelles	dixième dizième
auxiliaire	exorde	& le son d'une s dans les mots suiv.	beaux yeux
fixer	exhumer		officieux ami
taxer		Xaintonge	généreux enne- mi
z rend fermé l'e qui le précède dans les mots suivans.	z rend ouvert l'e qui le précède dans les mots suiv.		précieux office.
allez-y	Sanchez		
venez-y	Rodriguez		

y a le son de deux ii entre deux voyelles.	y n'a que le son d'un i entre deux consonnes.	lorsqu'une voyelle a deux points elle doit être prononcée séparément de celle qui la précède.
aboyer	amygdales	EXEMPLES.
Bayonne	collyre	athéïsme poëte
bégayer	diachylon	Caïn Pirithoüs
crayonner	hydropisie	déiste Raphaël
employer	lymphe	haïr Saül
fayancier	olympe	Judaïque stoïcien
larmoyer	physique	laïque
moyen	sympathie	Moïse
noyer	symptômes	naïf
payer		païs
rayonner		

D 6

INSTRUCTION

Pour les Personnes qui enseignent à lire.

POUR mieux faire connaître aux enfans les voyelles longues & celles qui font brèves , il faut enfin leur mettre fous les yeux un petit extrait du traité qu'en a fait M. l'abbé d'Olivet. C'eſt un ouvrage neuf & précieux , qui devrait être entre les mains de tous ceux qui ont le goût de notre langue.

M. l'Abbé d'Olivet divife les voyelles en longues , brèves & douteufes ; mais pour ne point embarraffer les enfans , òn ne les divife ici qu'en longues & brèves.

PROSODIE FRANÇAISE

A , première lettre de notre alphabet , long.

Un petit a,
un grand a,
une panfe d'a (*) ,
il ne fait ni a ni b.

A , long *dans*
âcre , âge , agnus ,
ame , âne , anus
âpre , &c.

ABE , long *dans*
Arabe , aftrolabe.

ABLE , long *dans*
cable , diable , érable , fable , rable ,
fable , on accable.

ABRE , toujours long
cinabre , sabre , il
fe cabre , délabrer
fe cabrer.

A prépofition & verbe eft bref.

Je fuis à Paris ,
j'écris à Rome ,
il a été ,
il a parlé.

A , bref *dans*
Apôtre , apprendre ,
altéré , il chanta ,
&c.

ABE , bref *dans*
fyllabe , fyllabaire.

ABLE , bref *dans*
aimable , capable ,
durable , raifonnable , table , étable.

AC , toujours bref ,
Almanach , bac , fac,
eftomac , tillac.

Les pluriels toujours longs.

(*) *Panfe*, veut dire *ventre.* Il fignifie ici la partie de la lettre qui avance.

ACE, long *dans* eſpace, grace, on lace, on délace, on entrelace,

ACE, bref *dans* audace, glace, préface, tenace, vorace, place.

M. Deſpréaux ne connaiſſait point ſans doute cette délicateſſe, lorſqu'il a fait rimer *préface* avec *grace* :

Un auteur à genoux dans une humble Préface, *Au lecteur qu'il ennuie à beau demander* Grace.

ACHE, long *dans* lâche, gâche, tâche, ſe fâcher, mâcher, relâcher, &c.

ACHE, bref *dans* tache, mouſtache, vache, Euſtache, il ſe cache, &c.

ACLE, toujours long, racler, oracle, miracle, obſtacle, ſpectacle, tabernacle.

ACRE, long dans âcre, *piquant*, ſacre, *oiſeau.*

ACRE, bref *dans* acre, *de terre* diacre, nacre, ſacre *d'un Roi.*

ADE, toujours bref, aubade, caſcade, fade, ſérénade : il perſuade, &c.

ADRE , long *dans* cadre, efcadre, quadrer, encadrer madré,

ADRE , bref *dans* ladre.

AFFE , APHE , AFFRE , toujours brefs : caraffe, épitaphe , agraffe, affres, balaffre , &c.

AFLE long *dans* rafle , je rafle, rafler, érafler.

AGE , long *dans* âge.

AGE , bref *dans* rage , page.

AGNE , long *dans* je gagne, gagner.

AGNE , bref *dans* campagne, Afcagne.

AGUE , bref *dans* bague, dague, vague , extravaguer, &c.

AIGNE, toujours bref : châtaigne , baigner, daigne , faigner.

AIGRE, long *dans* maigre, maigreur.

AIGRE, bref *dans* aigre , vinaigre.

AIL , bref *dans* bercail, bétail, éventail, &c.
Les pluriels longs.

AILLE, long *dans* bataille, caille, maille, railler, rimailler, &c.

AILLE, bref *dans* médaille, émailler, travailler, *& aux indicatifs*, je détaille, j'émaille, je bataille.

AILLET & AILLIR toujours brefs : maillet, paillet, j'aillir, affaillir.

AILLON, long *dans* baillon, haillon, penaillon, nous taillons,

AILLON, bref *dans* bataillon, médaillon, émaillons, détaillons, travaillons, &c.

AINE, long *dans* chaîne, haine, gaîne, je traîne.

AINE, bref *dans* fontaine, plaine, capitaine, hautaine, fouveraine.

AIRE, long *dans* une aire, chaire, une paire, il éclaire.

AIR, bref *dans* l'air, chair, éclair, pair.

AIS, AISE, AISSE, toujours longs : palais, plaife, caiffe, qu'il paiffe.

AIT, AITE, longs *dans* il plaît, il naît, il paît, faîte, attraits, parfaits, &c.

AIT, AITE, bref *dans* attrait, il fait, lait, parfait, parfaite, retraite.

ALE, long *dans* hâle, pâle, mâle, râle, râler, hâlé, pâleur, &c.

AL, ALE, ALLE, brefs *dans* royal, bal, moral, cigale, malle, scandale, &c.

AME, AMME, longs *dans* ame, infâme, blâme, flamme, nous aimâmes, nous chantâmes, *& tous lesprétér. en* âmes.

AME, AMME, brefs *dans* dame, épigramme, estame, rame, enflammer, j'enflamme, &c.

ANE, ANNE, AMN, longs *dans* crâne, les mânes, de la manne, damner, condamner, &c.

ANE, ANNE, brefs *dans* cabane, organe, organiste, panne, pannetier.

APE, long *dans* râpe, râpé, râper.

APE, APPE, brefs *dans* Pape, frappe, frapper, sappe, sapper.

ARE, ARRE, longs *dans* avare, barbare, barre, bizarre, je m'égare, tiare, barreau, barrière, larron, carrosse, carrière.

ARE, ARRE brefs *dans* avarice, barbarie, je m'égarais, amarrer, &c.

AVE, long *dans* conclave, entrave, grave, je pave, &c.

AV, AVE, brefs *dans* conclaviste, gravier, aggraver, paveur, &c.

Ecs , longs *dans les* Grecs, les échecs.

Ec , bref *dans* fec, Grec, échec.

Eble , Ebre, Ece, brefs *dans* hièble, funèbre , nièce pièce.

Eche , long *dans* bêche, lêche, grièche , revêche , pêche , *fruit, ou l'action de prendre le poiſſon.*

Eche , bref *dans* calèche , flèche , flamèche , fèche . brèche, péché, pécher.

Ecle , Ede , Eder , bref *dans* fiècle , tiède , remède, céder , poſſéder , &c.

Ée , toujours long *à la fin des mots* penſée, aimée;
& ainſi des autres voyelles ſuivies d'un e muet, lie, jolie, nue , &c.

Ef , Effe , longs *dans* chef, greffe, &c.

Ef , Effe , bref *dans* clef , bref, effet , &c.

Efle, long *dans* nefle.

Effle , bref *dans* treffle.

Ege , long *dans* collége , facrilége, fiége, &c.

Ege , Egle , Eigle , brefs *dans* léger, règle, feigle , &c.

EGNE , long *dans* règne , duègne , &c.

EGNE , EIGNE , brefs *dans* impregne , peigne , enseigne, qu'il feigne.

EGRE , EGUE , brefs *dans* alléguer , bègue , collègue , intègre , nègre , &c.

EIL , EILLE , longs *dans* vieil , vieillard , vieilleffe.

EIL , EILLE , brefs *dans* foleil , abeille, fommeille , &c.

EIN , EINT, longs *au pluriel :* dépeints , deffeins , fereins.

EIN, EINT, brefs *dans* atteint , dépeint , deffein , ferein, &c.

EINE , long *dans* reine.

EINE , *prefque* bref *dans* peine , veine.

EINTE, toujours long : atteinte , dépeinte ; feinte , &c.

ELE , ELLE , longs *dans* zêle , poêle , frêle , pêle-mêle ; il grêle , il fe fêle, parallèle.

ELE , ELLE , brefs *dans* modèle , fidèle , immortelle, rebelle , &c.

EM , EN , longs *dans* temple , exemple gendre , prendre cimenter , tenter.

EM , EN , brefs *lorfque la confonne eft redoublée , comme dans*

emmener, ennemi.
& à la fin des mots
item, amen, exa-
men, hymen,
Bethléem.

EME, long *dans* apo-
zême, baptême,
chrême, diadême

EME, bref *dans*
je sème, tu sèmes,
il sème, &c.

ENE, ENNE longs
dans alène, chêne,
fcène, gêne, frêne,
Athènes, antennes,

ENE, ENNE, brefs
dans qu'il appren-
ne, étrenne, phé-
nomène, qu'il pren-
ne, &c.

EPE, EPRE, longs
dans crêpe, guê-
pe, vêpres.

EPRE, bref *dans*
lèpre, lépreux,
&c.

EPTE, EPTRE, tou-
jours brefs, il ac-
cepte, fceptre,
fpectre, précepte.

EQUE, long *dans*
Evêque, Arche-
vêque.

EQUE, ECQUE, brefs
dans Grecques, bi-
bliothèque, obfè-
ques.

ER, long *dans*
amer, enfer, hiver,
vert, léger, &c.

ER, bref *dans*
Jupiter, Efther,
& dans les infinitifs
louer, manger, &c.

Erc , bref *dans* clerc , &c.

Ere, Err, longs *dans* chimère, père, il erre, il espère, sin-cère , perruque , nous verrons.

Ere , Err , brefs *dans* chimérique , espé-rer , sincérité , er-reur , erroné , er-rata , &c.

Ese long *dans* il pèse.

Ese , bref *dans* pèse-t-il ?

Esse , long *dans* abbesse, professe, compresse, on me presse, expresse , cesse, lesse.

Esse bref *dans* caresse , paresse , tendresse , adresse , &c.

Este , Estre , brefs *dans* modeste , les-te , terrestre.

Et , Est , long *dans* arrêt, benêt, forêt, genêt, prêt , ac-quêt, apprêt, in-térêt, têt, protêt, il est , &c.
& dans les pluriels.

Et , bref *dans* cadet, bidet , sujet , ho-chet, marmouzet, &c.

Ete , long *dans* bête, fête, honnête, boë-te, tempête, quê-te, arrêté, &c.

Ete , bref *dans* Prophête, poëte, comète , tablette, houlette,

ETRE, long *dans* être, ancêtre, salpêtre, fenêtre, prêtre, hêtre, champêtre, guêtre, je me dépêtre

ETRE, ETTRE, brefs *dans* diamêtre, il pénètre, lettre, mettre, &c.

EULE, long *dans* meule, veule, &c.

EULE, bref *dans* seule, gueule, &c.

EUNE, long dans jeûne, *abſtinence.*

EUNE, bref *dans* jeune, *en parlant de la jeuneſſe.*

EURE, long *dans* cette fille eſt majeure, j'attends depuis une heure.

EURE, bref *dans* la majeure, une heure *entière.*

EVRE, long *dans* orfèvre, lèvre, chèvre, lièvre.

EVR, EVRE, brefs *dans* levrette, chévrier, levraut, chévreuil.

IDRE, YDRÈ, longs *dans* hydre, cidre.

YDRE, bref *dans* hydromel, *& partout ailleurs.*

IE, long *dans* il crie il prie, vie, ſaiſie.

IE, bref *dans* crier, prier, &c.

IGE, long *dans* tige, prodige, litige, je m'oblige, il s'afflige.

IGE, bref *dans* obliger, s'affliger, &c.

ILE , long *dans* île , presqu'île , &c. | ILE , bref *par tout ailleurs.*

IRE, long *dans* empire, cire, écrire, il soupire, il désire. | IRE , bref *dans* soupirer , désirer , &c.

ITE , ITRE , longs *dans* bénite, gîte, regître , vîte , &c. | ITE , ITRE , brefs *dans* bénitier, réitérer, titre, arbitre , &c.

IVE , IVRE , longs *dans* tardive, captive, Juive, vivre. | IVE, IVRE, brefs *dans* captiver, captivité, ivresse , &c.

O , long *dans* oser, osier, ôter, hôte, &c. | O, bref *par tout ailleurs, & au commencement des mots* hôtel , hôtellerie.

OBE , long *dans* globe , lobe, &c. | OB, OBE, brefs *dans* globule, obélisque, *& par tout ailleurs.*

ODE, long *dans* roder , je rode. | ODE , bref *dans* mode , antipode.

OGE , long *dans le seul mot,* le Dogé. | OGE, bref *dans* éloge, horloge , déroger, *& par tout ailleurs.*

OGNE, long *dans* je rogne. | OGNE , bref *dans* trogne, Bourgogne, *& par tout ailleurs.*

OIENT *ou* Aient, long *au plur.* : ils avaient, ils chantaient.

OIN, long *dans* oint, moins , joindre, pointe.

OIR , OIRE , longs *dans* boire , gloire, dortoir , hiſtoire , mémoire.

OIS , toujours long *à la fin d'un mot* ; Anglois, bourgeois, François.

On écrit à préſent avec l'a les mots François , Anglais.

OLE, long *dans* drôle , geôle , môle, contrôle , rôle , il enjôle , il enrôle , il vole , *de* voler *en l'air.*

OM, ON, longs, *lorſque l'm ou l'n n'eſt pas redoublée*, comme *dans* bombe , conte, monde , &c.

OME , ONE , longs *dans* atôme , axiôme ; amazône , prône , aumône , &c.

OR , ORE , ORPS, ORS , longs *dans* encore , hors , corps , pécore , je décore.

OT , long *dans* dépôt, impôt , prévôt , entrepôt, rôt, tôt.

OTE , long *dans* côte, côté, hôte, j'ôte, note, maltôte.

OTRE , long *avec l'accent circonflexe* : le nôtre, le vôtre, Apôtre.

OUE , OUDRE , longs *dans* poudre, moudre, réſoudre, il loue, roue.

AIT,

OIT *ou* AIT, bref *au singulier* il avait, il chantait.

OIN, bref *dans* loin, befoin, moins, jointure, appointé.

OIR, OIRE, brefs *dans* efpoir, terroir, territoire, écritoire.

OIS, bref *dans* bourgeoifie, foifon, foifonner.

OL, OLE, OLLE, brefs *dans* géolier, contrôleur, rollet, il vole, (*il dérobe.*)

OM, ON, brefs *lorfque l'm ou l'n eft redoublée, comme dans* fommeil, connaître, monnaie, je fonnais.

OME, ONE, brefs *lorfque la confonne* eft redoublée, fomme, pomme, confonne, couronne, &c.

OR, ORE, brefs *dans* encor, décoré, évaporé, &c.

OT, bref *dans* defpote, impotent, dépoté, rôti, prévotal.

OTE, bref *lorfque la confonne eft redoublée,* hotte, cotte, & *dans les mots* flotte, note, motet, &c.

OTRE, bref *lorfqu'il n'a point d'accent,* notre ami, votre affaire.

OUL, OUDRÉ, OUÉ, brefs *dans* poudré, moulu, loué, roué, &c.

E

OUILLE, long *aans* rouille, j'embrouille, il débrouille, &c. | OUILL, bref *dans* rouillé, brouillon, brouillard, &c.

OURRE, long *dans* de la bourre, il bourre, il fourre qu'il courre. | OURR, bref *dans* bourrade, courrier, rembóurré, &c.

OUSSE, long *dans* pouffer, je pouffe, &c. | OUSS, OUSSE, brefs *dans* touffer, je touffe, couffin, &c.

OUTE, long *dans* joûte, je goûte, croûte, voûte, il fe dégoûte. | OUTE, bref *dans* ajouter, coûter, couteau, il doute.

OUTRE, long *dans* coutre, poutre. | OUTRE, bref *dans* outré, outrance, & *par tout ailleurs.*

UCHE, long *dans* bûche, embûche, on débûche, &c. | UCHE, bref *dans* bûcher, bûcheron, débûcher, &c.

UE, toujours long *dans* vue, cohue, tortue, on diftribue, &c. | UE, *prefque* bref *dans le feul mot* écuelle.

UGE, long *dans* déluge, refuge, juge, ils jugent. | UGE, bref *dans* juger, réfugier, &c.

ULE, long *dans* brûler, je brûle.

ULLE, ULE, bref *dans* bulle, mule, &c.

UM, UME, UN, longs *dans* humble, j'emprunte, parfums, bruns, nous reçûmes, nous ne pûmes, &c.

UM, UME, UN, brefs *dans* humblement, brume, parfumé, brume, pétun, pétune, un, une, dunes, hunes.

URE, long *dans* augure, parjure, on affure, &c.

URE, bref *dans* augurer, parjurer, affurer, &c.

USE, long *dans* excufe, je récufe, mufe, rufe, inclufe, &c.

USE, bref *dans* excufer, récufer, refufer, &c.

USSE, long *dans* je puffe, je connuffe, ils accouruffent, &c.

UCE, bref *dans* aumuce, aftuce, puce, &c.

UT, long *dans tous les verbes au fubjonctif*, qu'il fût, qu'il mourût, *& dans le feul mot* fût, &c.

UT, bref *dans tous les verbes à l'indicatif*, il fut, il mourut, *& dans les fubstantifs* affut, fcorbut, &c.

E 2

TABLEAU

DES

CHIFFRES ROMAINS ET ARABES.

POUR INITIER LES ENFANS AU CALCUL ET A LA NUMÉRATION.

Romain.	Arabe.	Arabe.	Romain.	Arabe.	Arabe.
I	un	1	XXI	vingt-un	21
II	deux	2	XXII	vingt-deux	22
III	trois	3	XXIII	vingt-trois	23
IV	quatre	4	XXIV	vingt-quatre	24
V	cinq	5	XXX	trente	30
VI	six	6	XL	quarante	40
VII	sept	7	L	cinquante	50
VIII	huit	8	LX	soixante	60
IX	neuf	9	LXX	soixante-dix	70
X	dix	10	LXXX	quatre-vingt	80
XI	onze	11	XC	quatre-vingt-dix	90
XII	douze	12	C	cent	100
XIII	treize	13	CXX	cent vingt	120
XIV	quatorze	14	CL	cent cinquante	150
XV	quinze	15	CC	deux cent	200
XVI	seize	16	CCC	trois cent	300
XVII	dix-sept	17	CD	quatre cent	400
XVIII	dix-huit	18	D	cinq cent	500
XIX	dix-neuf	19	DC	six cent	600
XX	vingt	20	M	mille	1000

LES VRAISPRINCIPES

DE LA LECTURE, DE L'ORTHOGRAPHE, etc.

INSTRUCTION

Pour les perſonnes qui enſeignent à lire.

ON a renfermé dans la première Partie des *Vrais Principes de la Lecture* tout ce qui regarde la prononciation de la Langue Française : Cette seconde Partie contient les premiers élémens de la Grammaire, de l'Arithmétique et de la Géographie, qui doivent principalement ſervir de leçons de lecture aux élèves : c'eſt le moyen de leur en donner une première idée, ſans qu'il leur en coûte beaucoup de peine; la mémoire ſe charge facilement de ce qu'on a lu pluſieurs fois. Ainſi, après avoir fait lire un petit article à un enfant, on peut commencer à lui en demander compte, et l'aider à l'entendre.

L'Arithmétique est ſuivie du Tableau des monnaies, mesures & poids en usage par toute la France, qu'il faut expliquer aux enfans avec beaucoup de ſoin afin de leur en rendre l'usage facile.   E 3

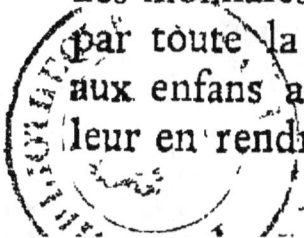

ABRÉGÉ DES PRINCIPES

DE LA GRAMMAIRE FRANÇAISE

LA Grammaire eſt l'art de parler & d'écrire correctement. Notre langue ſe compoſe de neuf ſortes de mots, ſavoir : le nom, l'article, le pronom, le verbe, le participe, l'adverbe, la préposition, la conjonction et l'interjection.

Des Genres.

La langue française n'a que deux genres, le masculin qui désigne le mâle, ou tout ce qui peut être précédé de *le* ou *un*, comme *un père*, *le soleil*, *le temps*, *&c.* et le féminin qui désigne la femelle, ou tout ce qui peut être précédé de *la* ou *une*, comme, *une mère*, *la lune*, *la terre*, *&c.*

Des nombres.

Il y a deux nombres : le singulier, quand on ne parle que d'une seule perſonne ou d'une seule chose, comme quand on dit *l'homme*, *la femme*, *le ciel*, *la terre*.; &

le pluriel quand on parle de plusieurs, comme quand on dit : *les hommes , les femmes , les cieux , les terres , &c.*

Des Cas.

Il y a six cas : le *nominatif* , le *génitif*, le *datif*, l'*accusatif*, le *vocatif* & l'*ablatif*: ils ne conviennent qu'aux noms , aux adjectifs et aux participes.

Du Nom.

Il y a deux sortes de noms ; le nom substantif & le nom adjectif.

Le nom substantif est un mot qui nomme simplement une chose quelconque, comme *soleil , lune , étoiles.*

Le nom adjectif est un mot qui marque de quelle manière est la chose nommée par le nom substantif , comme *Rond , ronde , Brillant, brillante.* Dans l'usage ordinaire, le nom adjectif se joint presque toujours à un nom substantif , *le soleil est rond , la lune est ronde , les étoiles sont brillantes.*

Des Degrés de comparaison.

Les *dégrés de comparaison* sont les différentes manières d'exprimer les qualités des choses avec plus ou moins d'étendue. Les noms adjectifs font les feuls fufceptibles de degrés de comparaison. Il y en a trois ; le *positif*, le *comparatif* , le *superlatif*.

Le *pofitif* eft l'adjectif fimple , sans y rien ajouter ; ainsi *honnête*, *fidèle* , sont des adjeftifs pofitifs.

Le *comparatif* sert à exprimer une chose comparée à une autre , par une même ou différentes qualités. Il y en a trois , savoir :

1°. Le *comparatif d'égalité* , qui se forme en mettant les mots *aussi* , *autant* , ou *si* , avant les adjectifs , comme quand on dit , *Paris eft auffi grand que Londres*.

2°. Le *comparatif de supériorité* fe forme en mettant le mot *plus* avant les adjeftifs , comme quand on dit , *l'Amérique eft plus grande que l'Europe*.

3°. Le *comparatif d'infériorité* se forme en mettant le mot *moins* avant les adjeftifs ' comme *votre frère est moins prudent que vous*.

Il y a en français des *comparatifs* qui s'expriment par un seul mot , tels que *meilleur*, *pire et moindre* , qui signifient *plus bon* (il ne se dit pas) , *plus mauvais* , *plus petit*. Quoiqu'on ne dise pas *plus bon* , on dit *auffi bon* et *moins bon*.

Le *superlatif* est ce qui exprime le suprême degré de la qualité. Il y en a de deux sortes , le *superlatif abfolu* et le *superlatif relatif*.

Le *superlatif abfolu* eft celui qui exprime le plus haut degré de la qualité , d'une manière abfolue , & sans avoir rapport à autre chofe ainfi , *très* ou *fort* font des *fuperlatifs abfolus* , comme dans ces exemples : *Cicéron était très-éloquent ; cette ftatue eft fort belle.*

Le *fuperlatif relatif* eft celui qui exprime le fuprême degré de la qualité avec un rapport de comparaison à quelque autre chose : ainsi en mettant *le , du , au , la , de la , à la , les , des , aux* , avant les comparatifs d'excès et de défaut , on forme des fuperlatifs. *Mon père eft le plus brave des hommes ; ma fœur eft la plus heureufe des femmes ; votre procédé eft le moins honnête.*

De l'Article.

L'article est un petit mot que l'on met devant les noms communs, et qui en fait connaître le genre et le nombre.

Nous n'avons qu'un article *le , la* , au fingulier ; *les* , au pluriel. *Le* fe met devant un nom mafculin fingulier , *le père : la* fe met devant un nom fingulier féminin, *la mère :*

E 5

les se met devant tous les noms pluriels soit masculins, ou féminins, *les pères, les mères.* Ainsi l'on connaît qu'un nom est du genre masculin, quand on peut mettre *le* devant ce nom: on connaît qu'un nom est du genre féminin quand on peut mettre *la.*

Il y a deux remarques à faire sur l'article.

Première Remarque. On retranche *e* dans le mot *le*; on retranche *a* dans *la*, quand le mot suivant commence par une voyelle, ou une *h* muette.

Ainsi l'on dit l'*argent* pour *le argent*, l'*histoire* pour la *histoire*; mais alors on met à la place de la lettre retranchée cette petite figure (') qu'on appelle *apostrophe. Voyez* les Principes généraux de l'Orthographe française, pag. : 26.

Deuxième Remarque. Pour joindre un nom à un mot précédent, on met *de* ou *à* devant ce nom; *fruit de l'arbre, utile à l'homme.*

Alors au lieu de mettre *de le* devant un nom masculin singulier qui commence par une consonne, on met *du*, *l'éclat du soleil.*

Au lieu de *à le* on met *au*, *fidèle au roi.*

Devant un nom pluriel, *de les* se change en *des*; *à les* se change en *aux.*

SINGULIER MASCULIN.

le Roi.

Palais *du* Roi, pour *de le* Roi.

J'obéis *au* Roi, pour *à le* Roi.

PLURIEL MASCULIN.

les *Rois.*

Palais *des* Rois, pour *de les* Rois.

J'obéis *aux* Rois, pour *à les* Rois.

PLURIEL FÉMININ.

les Reines.

des Reines, pour *de les* Reines.

aux Reines, pour *à les* Reines.

Au contraire *de* & *à* devant *la* ne se changent jamais.

SINGULIER FÉMININ.

la Reine.

de la Reine.

à la Reine.

L'Adjectif.

L'adjectif est un mot que l'on ajoute au nom pour marquer la qualité d'une personne ou d'une chose, comme *bon* père, *bonne* mère, *beau* livre, *belle* image : ces mots *bon, bonne, beau, belle,* sont des adjectifs joints aux noms *père, mère,* etc.

- On connaît qu'un mot est adjectif, quand on peut y joindre le mot *personne* ou *chose*: ainsi *habile, agréable* sont des adjectifs, parce qu'on peut dire, *personne habile, chose agréable.* E 6

Les adjeetifs ont les deux genres *masculin* et *féminin*. Cette différence de genres se marque ordinairement par la dernière lettre.

Comment se forme le Féminin dans les Adjectifs français.

RÈGLE GÉNÉRALE.

Quand un adjectif ne finit point par un *e* muet, on y ajoute un *e* muet, pour former le féminin : *prudent, prudente ; saint, sainte ; méchant, méchante ; petit, petite ; grand, grande ; poli, polie ; vrai, vraie,* &c.

Exceptions.

Première Exception. Les adjectifs suivans: *cruel, pareil, fol, mol, ancien, bon, gras, gros, nul, net, sot, épais,* &c. doublent au féminin leur dernière consonne avec l'*e* muet : *cruelle, pareille, folle, molle, ancienne, bonne, grasse, grosse, nulle, nette, sotte, épaisse.*

Beau & *nouveau* font au féminin, *belle, nouvelle,* parce qu'au masculin on dit aussi *bel, nouvel,* devant une voyelle ou une *h* muette, *bel oiseau, bel homme, nouvel appartement.*

Deuxième Exception. Blanc, franc, sec, frais, font au féminin *blanche, franche, sèche, fraîche.*

Public, *caduc*, font *publique*, *caduque*.

Troisième exception. Les adjectifs *bref*, *naïf*, font au féminin *brève*, *naïve*, en changeant *f* en *v* : *long* fait *longue*.

Quatrième Exception. *Malin*, *bénin* font *maligne*, *bénigne*.

Cinquième Exception. Les adjectifs en *eur* font ordinairement leur féminin en *euse* : *trompeur*, *trompeuse* ; *parleur*, *parleuse* ; *chanteur*, *chanteuse*, cependant *pécheur* fait *pécheresse* ; *acteur* fait *actrice* ; *protecteur* fait *protectrice*.

Sixième Exception. Les adjectifs terminés en *x* se changent en *se*, *dangereux*, *dangereuse* ; *honteux*, *honteuse* ; *jaloux*, *jalouse*, etc. cependant *doux* fait *douce* ; *roux* fait *rousse*.

Comment se forme le pluriel.

Le pluriel dans les adjectifs se forme comme dans les noms en ajoutant *s* à la fin : *bon*, *bonne*, au pluriel, *bons*, *bonnes*, &c.

Mais la plupart des adjectifs qui finissent par *al* n'ont pas de pluriel masculin, comme *filial*, *fatal*, *frugal*, *pascal*, *pastoral*, *naval*, *trivial*, *vénal*, *littéral*, *conjugal*, *austral*, *boréal*, *final*.

Accord des Adjectifs avec les noms.

Règle. Tout adjectif doit être du même genre et du même nombre que le nom auquel il se rapporte.

Exemple.

Le bon père , la bonne mère ; bon est du masculin et du singulier, parce que *père* est du masculin et du singulier : *bonne* est du féminin et du singulier, parce que *mère* est du féminin et du singulier.

De beaux jardins, de belles fleurs : beaux est du masculin et au pluriel , parce que *jardins* est du masculin et au pluriel, etc.

Quand un adjectif se rapporte à deux noms singuliers , on met cet adjectif au pluriel , parce que deux singuliers valent un pluriel.

Exemple.

Le roi et le berger sont égaux après la mort : (et non pas *égal.*)

Si les deux noms sont de différens genres , on met l'adjectif au masculin.

Exemple.

Mon père et ma mère sont contens : (et non pas *contentes.*)

Quant à la place des adjectifs , il y en a qui se mettent devant le nom, comme *beau jardin. , grand arbre ,* etc. D'autres se mettent après le nom , comme *habit rouge*, *table ronde* , etc. L'usage est le seul guide à à cet égard.

(*) *Régime des Adjectifs.*

Règle. Pour joindre un nom à un adjectif précédent , on met *de* ou *à* entre cet adjectif et le nom : alors on appelle ce nom le *régime* de l'adjectif.

Exemple.

Digne de récompense ; content de son sort ; utile au roi ; semblable à son père ; propre à la guerre. Récompenfe eft le régime de l'adjeictf *digne* , parce qu'il est joint à cet adjectif par le mot *de.* Roi est le régime de l'adjectif *utile* , parce qu'il eft joint à cet adjectif par le mot à.

Degrès de signification dans les Adjectifs.

On distingue dans les adjectifs trois degrés de signifieation , le *positif*, le *comparatif*, et le *superlatif.*

(*) La manière d'accorder un mot avec un autre mot , ou de faire régir un mot par un autre mot , s'appelle la *syntaxe :* ainsi la syntaxe est la manière de joindre des mots ensemble. Il y a deux sortes de syntaxes , la syntaxe *d'accord* par laquelle on fait accorder deux mots en genre en nombre , etc. La syntaxe *de régime* , par laquelle un mot régit *de* ou *à* devant un autre mot.

Le *positif* n'est autre chose que l'adjectif même, comme *beau*, *belle*, *agréable*.

Le *comparatif* c'eſt l'adjectif avec comparaison : quand on compare deux choſes, on trouve que l'une eſt ſupérieure à l'autre, ou inférieure à l'autre, ou égale à l'autre.

Pour marquer un comparatif *de ſupériorité*, on met *plus* devant l'adjectif; comme : *la roſe eſt* plus *belle que la violette.*

Pour marquer un comparatif d'*infériorité*, l'on met *moins* devant l'adjectif ; comme : *la violette eſt* moins *belle que la roſe.*

Pour marquer un comparatif d'*égalité*, on met *auſſi* devant l'adjectif ; comme, *la roſe eſt* auſſi *belle que la tulipe.*

Le mot *que* sert à joindre les deux choses que l'on compare.

Nous avons trois adjectifs qui expriment ſeuls une comparaiſon : *meilleur*, au lieu de *plus bon* qui ne ſe dit pas ; *moindre*, au lieu de *plus petit* ; *pire*, au lieu de *plus mauvais* : comme, *la vertu eſt* meilleure *que la ſcience : le menſonge eſt* pire *que l'indocilité.*

L'adjectif est au *ſuperlatif* quand il exprime la qualité dans un très-haut degré, ou dans le plus haut degré. Pour former le superlatif on met *très*, ou *le plus* devant l'adjectif, comme : *Paris est une* très-*belle ville*; et alors le superlatif s'appelle *absolu*: ou *Paris est* la plus *belle des villes* ; et ce superlatif s'appelle *relatif*, parce qu'il marque un rapport aux autres villes.

Noms et Adjectifs de nombre.

Les noms de nombre sont ceux dont on se sert pour compter.

Il y en a de deux sortes: les noms de nombre *cardinaux*, et les noms de nombre *ordinaux*.

Les noms de nombre *cardinaux* sont *un*, *deux*, *trois*, *quatre*, *cinq*, *six*, *sept*, *huit*, *neuf*, *dix*, *onze*, *douze*, *treize*, *quatorze*, *quinze*, *seize*, *dix sept*, *dix-huit*, *dix-neuf*, *vingt*, *trente*, *quarante*, *cinquante*, *soixante*, *quatre-vingt*, *cent*, *mille*, etc.

Les noms de nombre *ordinaux* se forment des cardinaux ; ces noms sont *premier*, *second*, *troisième*, *quatrième*, *cinquième*, *sixième*, *septième*, *huitième*, *neuvième*, *dixième*, etc.

Il y a encore des noms de nombres qui servent à marquer une certaine quantité, comme une *dizaine*, une *douzaine*, &c.

Il y en a encore d'autres qui marquent

les parties d'un tout, comme la *moitié*, le *tiers*, le *quart*, etc.

Enfin, il y en a qui fervent à multiplier; comme le *double*, le *triple*, etc.

Du Pronom.

Le *Pronom* eft un mot qui tient la place du nom.

Les pronoms *perfonnels* font ceux qui défignent les perfonnes.

Il y a trois perfonnes : la première perfonne est celle qui parle, la feconde perfonne eft celle à qui l'on parle, la troisième perfonne eft celle de qui l'on parle.

Pronom de la première Perfonne.

Ce pronom eft des deux genres; mafculin, fi c'est un homme qui parle; féminin, fi c'eft une femme.

Exemple.

Sing. Je *ou* moi.

Me *pour* à moi, moi { *Le maître*, me *donnera un livre*, *c'est-à-dire, donnera à* moi *Le maître* me *regarde*, c'est-à-dire, *regarde* moi.

Pluriel. Nous.

Pronom de la feconde perfonne.

Il est de deux genres ; masculin, fi c'est à un homme qu'on parle ; féminin, fi c'eft à une femme.

Exemple.

Sing. Tu *ou* toi.

Te *pour* à toi, toi. { Le *maître* te *donnera un livre*, c'est à-dire, *donnera* à toi. Le *maître* te *regarde*, c'est-à-dire, *regarde* toi. }

Pluriel. Vous.

Remarque. Par politesse, on dit *vous* au lieu de *tu* au singulier ; par exemple, en parlant à un enfant : vous *êtes bien aimable*

Pronom de la troisième personne.

Exemples.

Sing. *m.* Il, *f.* Elle.

Lui *pour* à lui, à elle. { *Je* lui *dois le respect*, c'est-à-dire, *je dois* à lui, à elle. }

masc. Le, *fémin.* La. { *Je* le *connais*, c'est-à-dire, *je connais* lui. *Je* la *connais*, c'est-à-dire, *je connais* elle. }

Pluriel

m. Ils *ou* eux, *f.* Elles.

Leur *pour* à eux, à elles. { *Je* leur *dois le respect*, c'est-à dire, *je dois* à eux, à elles }

Les *pour* eux, elles. { *Je* les *connais*, c'est-à-dire, *je connais* eux, elles. }

Il y a encore un pronom de la troisième personne *soi*, *se* : il est des deux genres et des deux nombres : on l'appelle *pronom réfléchi*, parce qu'il marque le rapport d'une personne à elle-même.

Exemple.

De soi.

Se *pour* à soi, soi. {
Il se donne des louanges, c'est-à-dire, *il donne* à soi.
Il se flatte, c'est-à-dire, *il flatte soi.*

Il y a deux mots qui servent de pronoms savoir :

1°. *En* qui signifie *de lui*, *d'elle*, *d'eux*, *d'elles* : ainsi quand on dit, j'en *parle*, on peut entendre, je *parle de lui*, *d'elle*, etc. selon la personne ou la chose dont le nom a été exprimé auparavant.

2°. *Y* qui signifie *à cette chose*, *à ces choses*, comme quand on dit : je *m'y applique*, c'est-à-dire, *je m'applique à cette chose*, *à ces choses.*

Règle des pronoms.

Les pronoms *il*, *elle*, *ils*, *elles*, doivent toujours être du même genre et du même nombre que le nom dont ils tiennent la place : ainsi en parlant de la tête, dites : elle *me fait mal* : elle, parce que ce pronom se rapporte à *tête* qui est du féminin et au singulier ; et en parlant de plusieurs jardins, dites : ils *sont beaux*, *ils*, parce que ce pronom se rapporte à *jardins* qui est du masculin et au pluriel.

Pronoms adjectifs.

Il y a des pronoms adjectifs qui marquent la possession d'une chose , comme *mon* livre , *votre* cheval , *son* chapeau , c'est-à-dire , le livre *qui est à moi* , le cheval *qui est à vous* , le chapeau *qui est à lui.*

| SINGULIER. | | PLURIEL. |
masculin.	féminin.	Des deux genres.
Mon	Ma	Mes.
Ton	Ta.	Tes.
Son	Sa.	Ses.
Notre	Notre.	Nos.
Votre	Votre.	Vos.
Leur	Leur.	Leurs.

Première Remarque. Ces pronoms sont toujours joints à un nom , *mon livre* , *ton chapeau.*

Deuxième Requarque. Mon , ton , son , s'emploient au féminin devant une voyelle ou une *h* muette : on dit *mon ame* pour *ma ame* , *ton humeur* pour *ta humeur*, *son épée* pour *sa épée.*

Autre Pronom.

| SINGULIER. | | PLURIEL. | |
masculin	féminin.	masculin	féminin.
le Mien	la Mienne.	les Miens	les Miennes.
le Tien	la Tienne.	les Tiens	les Tiennes.
le Sien	la Sienne.	les Siens	les Siennes.
		Des deux genres.	
le Nôtre	la Nôtre.	les Nôtres.	
le Vôtre	la Vôtre.	les Vôtres.	
le Leur	la Leur.	les Leurs.	

2°. Il y a des pronoms adjectifs qui servent à montrer la chose dont on parle, comme quand je dis : *ce livre*, *cette table*, je montre un livre une table.

SINGULIER.		PLURIEL.	
masculin	*féminin.*	*masculin*	*féminin.*
Ce , cet	Cette.	Ces	Ces.
Celui	Celle.	Ceux	Celles.
Celui-ci	Celle-ci.	Ceux-ci	Celles-ci.
Celui-là	Celle-là.	Ceux-là.	Celles-là.
Ceci			
Cela.			

Remarque. On met *ce* devant les noms qui commencent par une consonne ou une *h* aspirée, *ce château*, *ce hameau* : on met *cet* devant une voyelle ou une *h* muette : *cet oiseau*, *cet honneur*.

Celui-ci, *celle-ci* s'emploient pour montrer des choses qui sont proches : *celui-là*, *celle-là*, pour montrer des choses éloignées.

3.° Il y a des pronoms *relatifs*, c'est-à-dire, qui ont rapport à un nom qui est devant, comme quand je dis ; *Dieu* qui *a créé le monde* : *qui* se rapporte à *Dieu* : *le livre* que je *lis* : *que* se rapporte à *livre* : le mot auquel *qui* ou *que* se rapporte s'appelle *antécédent*. Dans les deux exemples ci-dessus, *Dieu* est l'antécédent du pronom relatif *qui*, *livre* est l'antécédent du pronom relatif *que*.

Pronom relatif.

Qui,
Dont *ou* de qui, } *des deux genres et des deux nom-* *bres.*
Que,

Règle du Qui *ou* Que *relatif.*

Qui ou *que relatif* s'accorde avec fon antécédent en *genre*, en *nombre* et en *perfonne* : ainfi dans cet exemple : *vous* qui *aimez l'étude*, *qui* eft de la feconde perfonne, parce que *vous* eft de la feconde perfonne ; il eft du mafculin ou du féminin, au fingulier ou au pluriel, felon le genre et le nombre des perfonnes de qui l'on parle.

4.º Il y a des pronoms *interrogatifs* ; qui? *quel*? *quelle* ? comme quand on dit : qui *a fait cela* ? que *vous dirai-je* ? *Qui* ou *que* eft interrogatif quand il n'a point d'antécédent, et qu'on peut le tourner par *quelle perfonne? ou qu'elle chofe* ? Dans les deux exemples ci-deffus on peut dire : *quelle perfonne a fait cela ? quelle chofe vous dirai-je ?*

Pronoms indéfinis, c'eft-à-dire, qui fignifient d'une manière générale.

Il y a quatre fortes de pronoms *indéfinis.*
1.º Ceux qui ne fe joignent jamais à un nom, comme on, *quelqu'un*, *quelqu'une*, qui-

conque, *chacun*, *chacune*, *autrui*, *perſonne*, *rien*. Quand je dis : on *frappe à la porte*, quelqu'un *vous appelle*, je parle d'une perſonne, mais je ne déſigne pas quelle elle eſt.

2°. Ceux qui ſont toujours joints à un nom, comme *quelque*, *chaque*, *quelconque*, *certain*, *certaine* ; ex. *quelque nouvelle ;* **certain** *philoſophe.*

3°. Ceux qui ſont tantôt joints à un nom, et tantôt ſeuls, comme *nul*, *nulle*, *aucun*, *aucune*, *autre*, *même*, *tel*, *telle*, *pluſieurs*, *tout*, *toute.*

4°. Ceux qui ſont ſuivis de *que* , comme *qui que ce ſoit*, *quoi que ce ſoit*, *quel*, *quelle que*; par exemple : quel *que ſoit votre mérite*, quelle *que ſoit votre naiſſance. Quoi que ;* par exemple : quoi que *vous faſſiez. Quelque... que ;* par exemple : quelques *richeſſes* que *vous ayez. Tout... que* , *toute... que* ; **par** exemple : tout *ſavant* que *vous êtes ; la campagne* **toute** *belle* qu'*elle eſt.*

Des Verbes.

Le verbe eſt un mot dont le principal uſage eſt de ſignifier l'affirmation ou le jugement que nous faiſons des choſes. Quand on dit : ***La*** *campagne eſt belle*, *Paul aime son père*, **on** affirme ou l'on juge de la campagne

pagne qu'elle eſt belle , & de Paul qu'il aime ſon père ; par conséquent *eſt* & *aime* ſont des verbes.

Les verbes ſe conjuguent ; c'eſt-à-dire qu'ils ſe récitent avec toutes leurs différences. Il faut d'abord conjuguer les verbes *avoir* & *être*, que l'on appelle *auxiliaires*, parce qu'ils ſervent à conjuguer les autres dans leurs temps compoſés.

Il y a quatre conjugaiſons. La première comprend les verbes dont l'infinitif est terminé par *er*, comme *adorer*.

La ſeconde comprend les verbes dont l'infinitif eſt terminé par *ir*, comme *polir*.

La troiſième eſt terminée, à l'infinitif, par *oir*, comme *vouloir*.

La quatrième comprend les verbes dont l'infinitif eſt terminé par *re*, comme *prendre.*

Il n'y a proprement que deux ſortes de verbes, ſavoir : le verbe ſubſtantif & le verbe adjectif. On peut encore regarder les verbes auxiliaires comme une troiſième ſorte de verbes. Le verbe *être* eſt verbe ſubſtantif, lorſqu'il eſt ſuivi d'un ſubſtantif ou d'un adjectif, qui ſe rapporte au ſujet ou au nominatif du verbe, comme dans ces exemples : *Le peuple eſt bon, vos amis ſont prudens.* Ainſi, tout verbe qui eſt ſuivi d'un

F

nom subſtantif ou d'un nom adjeȼtif , peut être regardé comme verbe ſubſtantif.

Il y a cinq ſortes de verbes , ſavoir , le *verbe aȼtif*, le *verbe paſſif*, le *verbe neutre*, les *verbes réſléchi & réciproque*, & le *verbe imperſonnel.*

Le *verbe aȼtif* eſt un verbe qui exprime une aȼtion , & après lequel on peut toujours mettre *quelqu'un* ou *quelque choſe. Deſcendre*, *monter*, ſont des verbes aȼtifs , parce qù'on peut dire : *deſcendre quelqu'un*, *monter quelque choſe.*

Le *verbe paſſif* s'exprime par le verbe *être* , que l'on joint & que l'on conjugue , dans tous ſes temps , avec le participe du verbe aȼtif. Ainſi dans ces exemples : *La maiſon eſt vendue. Dieu sera adoré , les portes ſeront fermées*, les mots *vendue* , *adoré* , *fermées* , ſont des participes paſſifs des verbes *vendre* , *adorer* & *fermer* , joints à quelques temps du verbe *être.*

Le *verbe neutre* eſt celui qui exprime quelquefois une aȼtion , & quelquefois n'en exprime pas , mais après lequel on ne peut jamais mettre ces mots , *quelqu'un* ou *quelque chose. Díner* , *tomber* , ſont des verbes neutres , parce qu'on ne peut pas dire , *díner quelqu'un* , *díner quelque choſe , tomber quelqu'un* , *tomber quelque choſe.*

Le *verbe réfléchi* eſt celui qui exprime l'action d'un ſujet qui agit sur lui-même, & qui ſe conjugue toujours avec les pronoms conjonctifs, *me*, *te*, *se*, *nous*, & *vous*, lesquels ſe mettent entre le nominatif du verbe et le verbe. Ainſi, *je me plains*, *tu te trompes*, *il ſe reproche*, ſont des *verbes réfléchis*.

Le *verbe réciproque* eſt celui qui signifie l'action de deux ou de pluſieurs ſujets qui agiſſent les uns ſur les autres. *Ils s'aiment les uns les autres*, *nous nous embraſſons tous deux*. Ce verbe ſe conjugue de la même manière que le verbe réfléchi.

Le *verbe imperſonnel* eſt celui qui ne s'emploie, dans tous les temps, qu'à la troiſième perſonne du ſingulier, avec le pronom *il* ou *on*. *Il pleut*, *il faut*, *on boit*, *on mange*, ſont des *verbes imperſonnels*.

Du Participe.

Un *participe* eſt un nom adjectif formé d'un verbe, comme *paſſant* & *paſſé*, formés du verbe *paſſer* ; *liſant* & *lu*, formés du verbe *lire*.

Il y a deux ſortes de *participes*, les *participes actifs* et les *participes paſſifs*.

Les *participes actifs* ſont ceux qui ont

ordinairement une fignification active , &
qui font le plus fouvent terminés en *ant* ,
comme *lifant*, *aimant*.

Les *participes paffifs* font ceux qui ont
ordinairement une fignification paffive , &
qui ne font pas terminés en *ant* , comme
les participes actifs : ainfi , dans ces exemples , *adoré* , *bâti* , *détruit* ; font des participes paffifs des verbes *adorer* , *bâtir*,
détruire.

Des Prépofitions.

Les *prépofitions* font des mots indéclinables , qui marquent les rapports que
les chofes ont entre elles , & qui ont toujours un nom ou un pronom pour régime,
comme quand on dit : Dans *la ville* , avec
lui , pendant *l'étude* , pour *moi*.

Les *prépofitions* font des mots indéclinables , parce qu'elles n'ont ni genre , ni
nombre , ni cas , comme les noms & les
pronoms.

De l'Adverbe.

Les *adverbes* font des mots indéclinables
qui fe joignent le plus ordinairement au
verbe , & qui en expriment quelques cir-
conftances : ainfi , *j'aime tendrement* , *il a
fervi fidèlement* , expriment quelques cir-
conftances des verbes *aimer & fervir*.

Des Conjonctions.

Les *conjonctions* font des mots indécli-
hables qui expriment diverfes opérations de
notre efprit, & qui fervent à lier les parties d'une phrafe ou d'un difcours. Il y en
a beaucoup d'efpèces, que l'ufage & la
réflexion feront connoître, & diftinguer des
prépofitions et des adverbes.

La *conjonction* qui s'emploie le plus fouvent dans le difcours, eft la conjonction
que, qui s'emploie dans un très - grand
nombre de fignifications différentes, & dont
la plus ordinaire eft d'exprimer le régime
de bien des verbes, comme dans *je crois
que vous êtes brave*, *je doute que vous foyez
fort*, où le *que*, avec ce qui fuit, exprime
le régime des verbes *je crois* & *je doute*.
Je crois quoi ? que vous êtes brave ; *je doute
de quoi ? que vous soyez fort*. *Que* eft conjonction quand on ne peut le tourner ni par
lequel, laquelle, ni par *quelle chofe*. *Il
faut que nous aimions nos pères*.

Des Interjections.

Les *interjections* sont des mots indéclinables dont on fe fert pour exprimer quelques
mouvemens de l'ame, comme la joie, la
douleur, la crainte, la haine, l'encourage-
ment, la colère, &c. *Aie ! ah ! hélas ! hé !
oh ! hôla ! eh !* font des interjections.

PRINCIPES GÉNÉRAUX
De l'Orthographe française.

L'Orthographe eſt la manière d'écrire correctement tous les mots d'une langue. On l'apprend par la lecture des dictionnaires & des bons livres.

On emploie en écrivant les figures suivantes : l'apoſtrophe ('), le tiret ou trait d'union (-), les deux points ſur une voyelle (ë), la cédille (ç), la parenthèſe (( )), les guillemets (»), les lettres capitales, les accens, la ponctuation & l'alinéa.

L'*apoſtrophe* marque une éliſion, c'eſt-à-dire la ſuppreſſion d'une de ces trois lettres *a*, *e*, *i*, devant une voyelle ou une *h* non aſpirée : elle ſe place au haut de la lettre qui précède la lettre ſupprimée.

En voici quelques exemples : *l'amour*, *l'honneur*, *l'eſpérance*.

Le *tiret* ſert à joindre deux mots pour prononcer comme s'il n'y en avait qu'un ; c'eſt pourquoi on l'appelle *trait-d'union* : *peut-être*, *chef-lieu*, &c. Il ſert encore à la fin d'une ligne, lorsqu'on eſt obligé de tranſporter le reſte d'un mot à la ſuivante.

Les *deux points* , ou le *tréma* , fur une voyelle , marquent que cette voyelle ne fait pas une même fyllabe avec la voyelle qui la précède immédiatement. En voici quelques exemples : *Moïfe* , *Noël.*

La *cédille* eft une efpèce de virgule ou de petit *c* retourné, et fe met fous le c pour lui donner avant l'*a*, l'*o*, l'*u*, le même fon de l'*s* , comme dans ces mots : *commença* , *leçon* , *conçoit* , *conçut* , *reçûmes.* On prononce comme s'il y avait *commenfa* , *leffon* , *confoit* , *confut* , *reffûmes.*

La *parenthèfe* fe marque par deux efpèces de crochets qui renferment un petit nombre de paroles qu'on infère dans le difcours, qui en interrompent le fens , & qu'on croit néceffaires pour l'intelligence de la phrafe , comme dans cet exemple :

Ce fentiment confervateur qui apprend aux araignées (comme infectes dont les œufs ne font pas couvés comme ceux des oifeaux) , à ne choifir que des endroits où leurs petits peuvent trouver fans peine leur nourriture.

Les *guillemets* font de petites virgules doubles (») qu'on met en marge à côté d'un difcours , pour faire voir que ce difcours eft d'un autre auteur.

L'*alinea* commence une nouvelle ligne,

quoique la précédente ne foit pas entièrement achevée.

Les lettres capitales , ou lettres majuscules , font les grandes lettres. On les emploie au commencement des noms propres & des phrafes , tels que *Rouffeau* , *Paris* , *la Seine* , &c.

L'*accent* eft une certaine marque que l'on met sur les voyelles pour les faire prononcer d'un ton plus fort ou plus faible.

Il y en a de trois sortes : l'accent aigu (′), l'accent grave (`) & l'accent circonflexe (^).

La *ponctuation* eft la manière de marquer en écrivant les endroits d'un difcours où l'on doit s'arrêter pour en diftinguer les parties , et pour reprendre haleine en lisant.

On fe fert pour cela de la virgule (,), du point avec la virgule (;) , des deux points (:) , du point (.) , du point interrogatif (?) & du point admiratif (!)

Pour bien entendre la ponctuation , il faut encore savoir ce que c'eft que phrafe & période.

La *phrafe* eft compofée de plufieurs mots où fe trouvent un ou plufieurs noms qui expriment un ou plufieurs fujets dont on parle, & un ou plufieurs verbes qui expriment ce qu'on affirme.

'La *période* eſt compoſée de pluſieurs phra-
ses qui dépendent les unes des autres , &
qui ſont liées par des conjonctions pour
faire un ſens complet.

ABRÉGÉ DE L'ARITHMÉTIQUE.

L'arithmétique eſt l'art de compter juſte,
& de faire avec des nombres diverſes opérations qui en font connaître les propriétés.

Le nombre eſt une quantité compoſée
de pluſieurs unités.

L'unité eſt une choſe qui n'eſt qu'une
fois ; car un n'eſt jamais qu'un ; mais un ré-
pété quatre fois forme quatre , qui eſt par
conſéquent compoſé de quatre fois un , ou
de quatre unités.

Nombrer , c'eſt exprimer toutes les quantités imaginables par le moyen des dix chiffres ſuivans :

1, 2, 3, 4, 5, 6, 7, 8, 9 o.
Un, deux, trois, quatre, cinq, six, sept, huit, neuf, zéro.

Un repréſente une ſeule choſe , quelle
qu'en ſoit la nature ; 2 déſigne le double
de ce qui eſt répréſenté par un ; 3 le triple ;
ainſi de ſuite juſqu'à 9, qui forme une quan-

F 5

tité de neuf fois plus qu'un feul , ou un nombre de neuf, compofé de neuf unités.

Le zéro ne préfente rien , à moins qu'il ne foit précédé d'un autre chiffre , dont il augmente la valeur de dix fois. Deux zéros précédés d'un chiffre quelconque augmentent fa valeur de cent fois , &c.

On produit avec ces dix chiffres toutes les quantités imaginables.

En les réuniffant ou les répétant s'il eft néceffaire , on forme des unités de dixaines, de centaines , de mille , &c.

En commençant par les unités , qui font à droite, il faut aller à gauche , en difant :

Milliard.................	1
Centaines de million.	2
Dixaines de million.	3
Million..............	4
Centaines de mille..	5
Dixaines de mille..	6
Mille.............	7
Centaine	8
Dixaine,.........	9
Unité...........	0

Ayant ainfi nombré de droite à gauche , on va de gauche à droite , en difant : un milliard deux cent trente-quatre millions cinq cent foixante-fept mille huit cent quatre-vingt-dix unités.

Des Décimales.

Une décimale eſt une unité de dix , ou la dixième partie d'une choſe ou d'un nombre quelconque.

Ainſi un dixième , qu'on repréſente encore comme ceci, $\frac{1}{10}$, est la dixième partie de l'unité , comme un centième , $\frac{1}{100}$, est la dixième partie d'un $\frac{1}{10}$; un millième $\frac{1}{1000}$, la dixième partie d'un $\frac{1}{100}$.

Pour rendre le calcul plus facile , on repréſente les décimales de cette façon : par exemple ſi l'on veut énoncer quarante-trois unités sept dixièmes , on écrira 43,7 : on ſéparera le chiffre de la droite par une virgule ; de même ſi l'on veut exprimer quarante-trois entiers ſoixante quinze centièmes, on écrira 43,75 , & on ſéparera les deux chiffres de la droite par une virgule.

Les chiffres qui repréſentent les unités décimales , s'appellent chiffres décimaux.

Pour exprimer les nombres qui ne renferment point d'unités décimales , on met un zéro pour en tenir la place : ainſi , pour exprimer cent quarante millièmes , on écrit 0,140 , & ainſi de ſuite.

Il y a quatre principales opérations dans l'arithmétique , ſavoir : l'addition , la ſouſtraction , la multiplication & la diviſion.

F 6

De l'Addition.

L'addition eſt une opération par laquelle on réunit pluſieurs nombres pour n'en former qu'un ſeul , que l'on appelle ſomme ou total.

Exemple.

Il faut écrire les quatre nombres ſuivans de manière que les unités ſoient ſous les unités , les dixaines ſous les dixaines , les centaines ſous les centaines , &c.

Mille....	Centaines.	Dixaines.	Unités...
5	4	3	7
	3	2	4
		8	6
			8
Somme..... 6,	8	5	5

En commençant par la droite, en diſant 7 & 4 font 11 , & 6 font 17 , & 8 font 25 , il y a deux dixaines & cinq unités. Il faut écrire les cinq unités ſous la colonne des unités , retenir les deux dixaines pour les porter comme deux unités à la colonne des dixaines , & continuer l'opération en obſervant toujours la même marche , & on aura pour fomme ou total 5,855 , cinq mille huit cent cinquante-cinq unités.

Les nombres décimaux s'additionnent de la même manière. Ainfi , fi l'on avait les nombres fuivans à additionner , voici de quelle manière il faudrait opérer.

Exemple.

Unités.	Dixièmes.	Centièmes.	Millièmes.	Dix millièmes.
4 3 4 , 8				
7 3 3	5	4		
2 8 6	0	0	6	
2 4	0	0	0	7

Somme. . . . . . . 1 , 4 7 8 , 3 , 4 6 7

Après les avoir placés de manière que les unités de même espèce foient dans une même colonne verticale , comme dans le dernier exemple , on les fouligne. Partant des unités de la plus petite espèce , en allant toujours de droite à gauche , on trouvera 7 , qui tient la place des dix millièmes ; on posera 7 , & ainfi de fuite , en fuivant toujours le même procédé.

Si les chiffres que l'on ajoute enfemble excèdent , on écrira le furplus , & on retiendra autant d'unités que l'on aura de fois dix.

De la fouftraction.

Souftraire, c'eft retrancher un nombre d'un autre nombre. Le réfultat s'appelle refte ou différence.

Exemple.

Il faut écrire les deux nombres suivans de manière que les chiffres de même espèce foient tous les uns fous les autres ; les unités fous les unités, les dixaines fous les dixaines, &c., &c.

$$7 \ 8 \ 6 \ 4 \ 6$$
$$2 \ 5 \ 3 \ 2$$
$$\overline{7 \ 6, \ 1 \ 1 \ 4} , \text{ reste ou différence.}$$

On opère en allant toujours de droite à gauche, en difant : qui de 6 paie 2, reste 4 ; de 4 3, reste 1, de 6 5, reste 1 ; de 8 2, reste 6 ; de 7 rien, reste 7 : et l'on trouve pour différence 76, 114 unités.

Lorfque le chiffre du nombre que l'on veut fouftraire furpaffe celui qui lui correfpond dans l'autre nombre, on emprunte fur le chiffre précédent une unité qui vaut dix, dont on augmente celui qui est trop faible, & on diminue d'une unité celui fur lequel on a emprunté.

Exemple.

```
7 3 8 5 2
3 4 7 2 5
3 9, 1 2 7 ' reste ou différence.
```

Pour faire une fouſtration avec les nombres décimaux , on fuit le même procédé, & on fépare fur la droite de chaque réfultat autant de décimales qu'il y en a dans le nombre qui en renferme le plus.

Exemple

```
5 7 6,4 8
1 8 5 6 9
3 9 0, 7 9' reste ou différence.
```

De la Multiplication.

Multiplier , c'eſt répéter un nombre une certaine quantité de fois. Le nombre que l'on répète s'appelle *multiplicande* , & celui qui indique combien de fois il faut répéter s'appelle *multiplicateur.* Le résultat de cette opération s'appelle *produit.* Le multiplicande & le multiplicateur s'appellent *facteurs du produit.*

La multiplication s'opère comme l'addition , & n'en diffère qu'en ce que dans cette opération l'on ajoute des nombres quelconques, au lieu que dans la multiplication il s'agit d'ajouter le même nombre à lui-même.

Par exemple , pour multiplier 6 par 3, on pourrait écrire trois 6 les uns sous les autres, et les ad-
ditiouner comme on le voit ici :

$$
\begin{array}{r}
6 \\
6 \\
6 \\
\hline
18
\end{array}
$$

et la somme 18 , résultante de cette addition , serait
le produit.

Les facteurs donnent un procédé plus court.

$$
\begin{array}{r}
6, \text{ multiplicande.} \\
3, \text{ multiplicateur.} \\
\hline
18, \text{ produit.}
\end{array}
$$

Pour opérer , il faut prendre le multiplicateur ,
et dire 3 fois six font 18.

Exemple par deux chiffres.

$$
\begin{array}{r}
24 \\
45 \\
\hline
120 \\
96 \\
\hline
1080, \text{ produit.}
\end{array}
$$

Il faut multiplier par les unités, puis par
les dixaines, ensuite par les centaines , &c.

Quand le multiplicateur eſt de pluſieurs
chiffres , on fait pour chaque chiffre un
produit particulier , & la ſomme de tous
les produits partiels eſt le produit total
cherché.

Exemple.

Multiplicande.	. .	86¡5
Multiplicateur.	. .	7¹7

```
          60515
         259.35
        60›15
```

Produit. . . 6,371,065 unités.

D'où il résulte que le produit du multiplicande par les dixaines doit être avancé d'un rang vers la gauche ; celui des centaines de deux rangs ; celui des mille de trois , &c. , &c. , afin que , dans l'addition des différens produits partiels , les unités de même espèce se trouvent les unes sous les autres.

La multiplication des nombres décimaux se fait absolument comme celle des autres nombres , sans avoir égard à la virgule des facteurs. Lorsque l'opération est finie , on sépare par une virgule , sur la droite , autant de chiffres du produit qu'il y a de décimales , tant dans le multiplicande que dans le multiplicateur.

Exemple.

Multiplicande.	. .	344,5
Multiplicateur.	. .	3¡,8

```
         27060
        10335
       10335
```

11644, 10, produit.

Si le multiplicande & le multiplicateur
contenaient des unités décimales d'une autre
espèce, le raifonnement n'en ferait pas
moins le même que ci-deffus.

De la Divifion.

La divifion eft une opération par laquelle
on cherche combien de fois un nombre eft
contenu dans un autre. Le nombre que l'on
divife s'appelle *dividende* ; celui par lequel
on divife s'appelle *divifeur*, & le réfultat
s'appelle *quotient*.

Pour faire la divifion d'un nombre compofé d'autant de chiffres qu'on veut par un
autre qui n'en a qu'un, il faut écrire le divifeur à côté du dividende, les féparer par
un petit crochet ou accolade, prendre affez
de chiffres dans le dividende pour que le
divifeur y foit contenu, & écrire au quotient le nombre de fois qu'il s'y trouve contenu, multiplier le divifeur par le quotient,
ensuite retrancher ce produit de la partie
prife dans le dividende, puis écrire le refte
au-deffous en abaiffant le chiffre fuivant,
ce qui donne un dividende partiel fur lequel
on opère comme sur le précédent, & ainsi
de suite jusqu'au chiffre des unités, &
tous les quotiens partiels doivent produire
un quotient total.

Exemple.

Dividende. . . 36246 ⎰ 6,   diviseur.
         0024 ⎱ 6041, quotient.
         006
           0

Pour diviſer un nombre compoſé de pluſieurs chiffres par un autre qui en contient
auſſi pluſieurs, il faut prendre à la gauche
du dividende une partie aſſez grande pour
que le diviſeur puiſſe y être contenu, et
opérer comme dans l'exemple précédent.

Exemple.

Dividende. . . 227052 ⎰ 642, diviseur.
         446 ⎱ 306, quotient.
         0000

Pour opérer la diviſion avec les chiffres
décimaux, il faut ſuivre cette règle générale, & écrire à la ſuite du nombre qui a le
moins de décimales un nombre ſuffiſant de
zéros pour qu'ils aient chacun des unités
décimales de même eſpèce. Cela ne change
pas la valeur du quotient. On les diviſe l'un
par l'autre ſans faire attention à la virgule,
& le quotient exprimera des entiers & partie d'entier, ſi celui qu'on a pour diviſeur
n'eſt pas contenu exactement dans celui
qu'on a pris pour dividende.

Exemple.

Dividende. 644,8420 $\Big\{$ 3,6476, diviseur.

280 082 $\Big\{$ 1 7 6, quotient $\frac{10644}{34476}$.

24 7500

2 9644

———————

3,6476

On trouve au quotient 176 entiers $\frac{10644}{34476}$. Il n'est pas difficile de voir pourquoi le quotient exprime des unités simples ; car il est évident que $\frac{36476}{10000}$. seront contenus autant de fois dans $\frac{6448420}{10000}$ que 36476 unités seront contenues dans 6448420 unités : donc le quotient doit être des unités simples , puisqu'il ne fait qu'indiquer un nombre de fois.

PREUVES POUR LES QUATRE RÈGLES.

Preuve de l'addition.

La preuve de l'addition se fait en la commençant par la gauche. On souftrait successivement de la somme totale la somme partielle de chaque colonne , & si après la souftraction de la dernière colonne il ne reste rien , ce sera une preuve de l'exactitude de l'addition.

Exemple.

7834

3284

6476

————

17594

1110

Ainsi, pour s'assurer si l'addition précédente a
été bien faite, on opère de la manière suivante,
en commençant l'addition par la gauche. On dit,
7 et 3 font 10, et 6 font 16; de 17 reste 1, qui,
étant joint par la pensée au chiffre 5, font 15. On
passe à la seconde colonne, en disant, 8 et 2 font
10, et 4 font 14, ôtés de 15 reste 1, qui, avec
le chiffre suivant, donnent 19. En passant à la troisième colonne, on dira, 3 et 8 font 11, et 7 font
18; de 19 reste 1, qui, étant joint au chiffre
suivant, donnent 14; de 14 reste 0, ou rien.

Preuve de la soustraction

On fait la preuve de la souftraction en
ajoutant la différence ou le refte que l'opération a donné avec le nombre retranché.
Si la somme se trouve égale au nombre supérieur, c'eft une preuve que la première
opération eft exacte.

Exemple.

Nombre supérieur.	84368
Nombre retranché.	32257
Différence. . . .	52111
	84368 . preuve,

Ainfi dans cet exemple, en ajoutant le
nombre retranché avec le refte, on trouve
le nombre fupérieur.

Preuve de la multiplication.

La preuve de la multiplication fe fait en divifant le produit par le multiplicande, et le quotient doit donner le multiplicateur.

Exemple.

Multiplicande. 144
Multiplicateur. 6 { 144
864 { 6
000

Preuve de la division.

Pour s'affurer fi la divifion eft bien exacte, il faut multiplier le divifeur par le quotient, & le produit donnera le dividende.

Exemple.

Dividende. 288 { 12, diviseur.
48 { 24, quotient.
00 48
24
288, dividende.

TABLEAU

DES

MONNAIES, MESURES ET POIDS

EN USAGE PAR TOUTE LA FRANCE.

MONNAIES   **USAGES ET VALEURS.**

On a retiré de la circulation la monnaie qui représentait la livre tournois. On l'a remplacée par le franc , & on divise la valeur du franc d'après le calcul décimal.

En cuivre.

Centime. . . . . Centième partie du franc.
Décime . . . . Dixième partie du franc.

En argent.

Le quart de fr.
Le demi-franc.
La pièce d'un fr.
— de deux fr.
— de cinq fr.

En or.

La pièce de 10 fr.
— de 20 fr.
— de 40 fr.

MESURES DE LONGUEUR.	USAGES ET VALEURS.
Centimètre........	Centième partie du mètre.
Décimètre.........	Dixième partie du mètre.
Mètre...........	Grandeur de l'etalon. Il sert pour l'aunage et les toisés ; il porte trente-sept pouces, pied de roi, de long.
Décamètre........	Dix fois la longueur du mètre.
Hectomètre........	Longueur de cent mètres.
Kilomètre........	Longueur de mille mètres.
Miriamètre........	Longueur de dix mille mètres.
	Le kilomètre et le miriamètre expriment les distances itinéraires.

MESURES DE CAPACITÉ.	USAGES ET VALEURS.
Centilitre.........	Centième partie du litre.
Décilitre.........	Dixième partie du litre.
Litre............	Sa capacité est d'un décimètre de longueur, d'un décimètre de largeur, d'un décimètre de hauteur. Il représente la pinte de Paris, et un peu plus.
Décalitre.........	Le décalitre est dix fois plus grand que le litre.
Hectolitre.........	Mesure cent fois plus grande que le litre.
Kilolitre.........	Vaut mille litres.
Mirialitre.........	Vaut dix mille litres.

POIDS.	USAGES ET VALEURS.
Centigramme........	Cent fois plus petit que le gramme.

Décigramme

Décigramme......... Dix fois plus petit que le gramme.

Gramme............. Équivaut à dix-neuf grains, et sert à peser les matières précieuses, tels que l'or, l'argent, le diamant, etc.

Décagramme........ Vaut dix grammes.

Hectogramme....... Vaut cent grammes.

Kilogramme........ Vaut mille grammes.

Miriagramme....... Vaut dix mille grammes.

MESURES AGRAIRES	USAGES ET VALEURS.

Centiare........... Centième partie de l'are.

Déciare............ Dixième partie de l'are.

Are................ Surface de dix mètres de longueur et de dix mètres de largeur.

Décare............. Vaut dix ares.

Hectare............ Vaut cent ares, ou un peu plus de deux arpens.

Kilare............. Vaut mille ares.

Miriare............ Vaut dix mille ares.

MESURE POUR LE BOIS.	USAGES ET VALEURS.

Stère.............. Vaut un mètre de longueur, un mètre de largeur et un mètre de hauteur. Il y a le double stere et le démi-stère.

ABRÉGÉ DE L'ASTRONOMIE.

L'aſtronomie nous apprend que le soleil eſt un aſtre lumineux par lui-même, & qu'au·tour de lui roulent ſept planètes, toutes dans le même ſens, dont voici les noms, avec les caractères dont on ſe ſert pour les marquer. *Mercure* ☿ *Vénus* ♀ *la Terre* ⊙, *Mars*, ♂ *Jupiter*, ♃ *Saturne* ♄, *Herschel ou Uranus* ⛢.

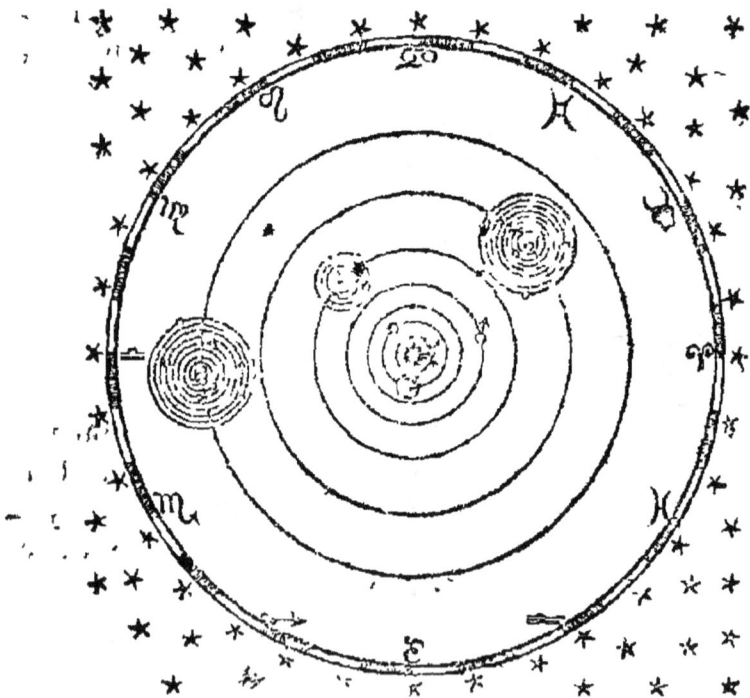

Ces planètes ſont opaques ; elles reçoivent leur clarté du ſoleil, & peuvent en réfléchir la lumière.

Mercure , la plus voisine du foleil , fait sa révolution autour de cet aftre , en trois mois : *Vénus* , qui la suit , fait la sienne en moins de huit mois : la *Terre* emploie un an à faire la sienne ; *Mars* , plus éloigné, deux ans , moins six semaines ; *Saturne* , près de trente ans ; *Jupiter* , près de douze ans ; *Herschel* , la plus diftante de toutes celles qui font connues , un peu plus de quatre vingt-trois ans.

Mercure eft la plus petite des planètes : Vénus eft beaucoup plus groffe que lui ; la Terre eft plus groffe que Vénus ; Mars n'eft qu'un feptième de la Terre ; Jupiter eft près de treize cent fois plus gros que notre globe ; Saturne n'eft guère que mille fois plus gros que la Terre ; Herschel paraît beaucoup plus petit que Saturne.

Chaque planète , outre sa révolution autour du Soleil , laquelle forme son année en fait une autre fur fon axe , à peu près comme une roue fur fon effieu. Cette révolution , qui préfente fucceffivement au Soleil tous les points de sa circonférence , forme les jours et les nuits.

La Terre eft ronde. Cette vérité eft démontrée par les faits fuivans : 1.º Étant fur le bord de la mer fa fphéricité s'aperçoit à l'œil. 2.º Si un vaisseau quitte le rivage,

Sphéricité de la Terre.

le corps du bâtiment disparaît le premier et insensiblement jusqu'au sommet des mâts. 3.º Les voyageurs qui ont fait le tour du monde son revenus par un point opposé.

La Terre fait en vingt-trois heures, cinquante six minutes, sa rotation sur elle-même, d'occident en orient ; mais sa révolution annuelle est d'orient en occident & s'exécute en trois cent soixante-cinq jours & six heures. Elle avance ainsi comme la roue d'un char qui est en mouvement, ce qui est représenté dans cette figure.

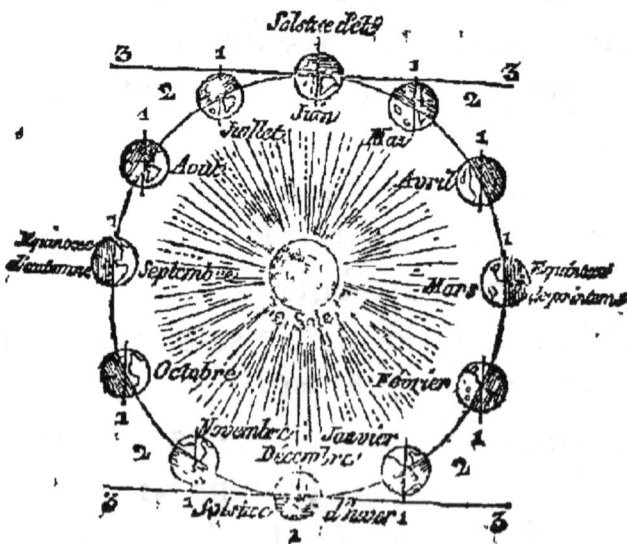

Le contraste des saisons dans les deux hémisphères a fait donner aux peuples qui les habitent des noms particuliers. On appelle *Périsciens*, ceux qui habitent les zones froides. *Hétérosciens*, ceux qui habitent les zones tempérées ; *Amphisciens*, ceux qui habitent la zone torride ; *Asciens*, qui veut dire sans ombre, indique les habitans des zones torrides, qui ont le soleil perpendiculairement sur leur tête ; les *Antisciens* habitent de différens côtés de l'équateur ; leurs ombres ont à midi, des directions contraires. Ils sont tous désignés dans la figure suivante. Les Antipodes nom qu'on donne aux peuples qui ont les pieds opposés les uns aux autres sont désignés par une ligne qui va de gauche à droite.

Notre globe a une lune qui tourne autour de lui. Ce satellite ne présente jamais que le même côté, qui ne tourne qu'une fois sur son axe, en faisant sa révolution autour de la Terre ; il lui réfléchit la lumière qu'il a reçue du Soleil, en raison de ce que la portion qu'elle présente de notre côté est plus ou moins éclairée, et c'est ce qui fait la pleine lune, son premier et second quartiers.

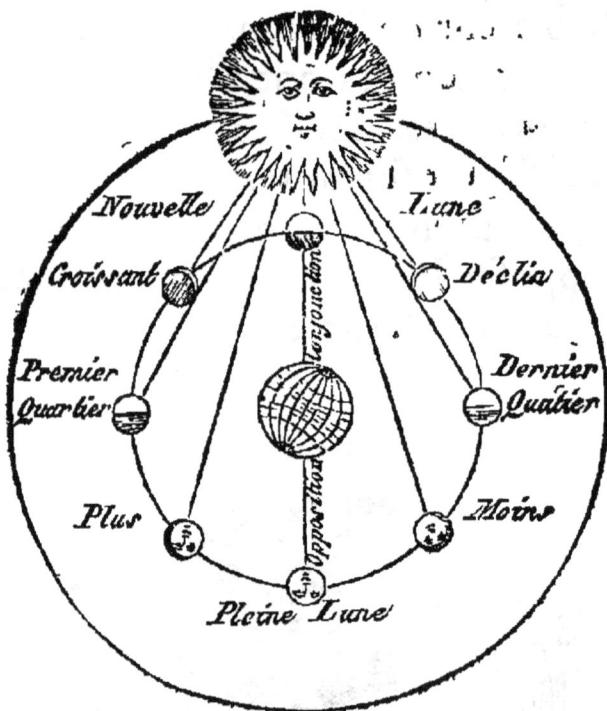

La Lune tournant autour de la Terre, il arrive nécessairement que lorsqu'elle se trouve entre la Terre et le Soleil, ce qu'on appelle *conjonction* , elle devrait nous cacher plus ou moins cet aftre et produire une éclipfe de Soleil , et lorfque la Terre fe trouve entre le Soleil et la Lune , ce qu'on appelle *opposition* , elle devrait couvrir la Lune de fon ombre et produire ainfi une éclipfe de Lune , comme le repréfentent ces deux figures.

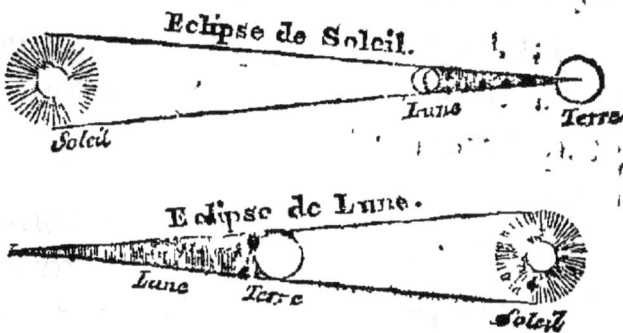

Eclipse de Soleil.

Lune   Terre   Soleil

Eclipse de Lune.

Lune   Terre   Soleil

Cela arrive aufli fort souvent ; mais comme l'orbite que la Lune décrit autour de la Terre n'eft pas dans le même plan que celui de la Terre décrit autour du Soleil, la Lune dans ses *Sizigies* , (c'eft le nom commun que l'on donne à la conjonction et à l'oppofition) fe trouvant fréquemment un peu au-deffus ou au-deffous de l'ombre du Soleil ou de la Terre; alors il n'y a point d'éclipfe. Comme cependant ces deux orbites fe rencontrent à chaque révolution dans deux points que

l'on appelle *nœuds*, fig *a*, *b* ; toutes les fois que la conjonction ou l'opposition ont lieu dans le voisinage de ces nœuds, il y a éclipse. C'est par cette raison que l'orbitre de la Terre *c* a reçu le nom d'Ecliptique.

Mercure est à douze millions de lieues du Soleil ; Vénus à vingt-un ; la Terre à prés de trente cinq millions ; Mars à quarante-cinq millions ; Jupiter à cent cinquante-six, Saturne à trois cent, & Herschel à six cent cinquante-neuf.

Le Soleil est un million quatre cent mille fois plus gros que la Terre, & tourne aussi sur son axe en vingt-cinq jours et demi.

Outre les planètes primitives qui circulent autour du Soleil, et que nous ne perdons point de vue, pour ainsi dire, il en est d'autres, en beaucoup plus grand nombre, qui se montrent de temps en temps et qu'on appelle *comètes* ou *astres chevelus*, parce qu'elles traînent après elles une queue lumineuse qui est quelquefois très-longue, toujours opposée au Soleil. Elles diffèrent des autres planètes, en

ce qu'elles tournent autour du Soleil
en tout fens. Leur élipfe autour de cet
astre eft imménfe. Elles emploient pro-
bablement plufieurs fiècles pour la parcourir.

Les comètes diffèrent des planètes en ce
que les orbites qu'elles décrivent par leurs
révolutions périodiques fe portent vers
des parties du ciel fort différentes les unes
des autres et en ce qu'elles ne marchent
pas toujours comme elles , felon l'ordre
des signes.

Les autres astres qu'on appelle *Etoiles* ,
ont été féparés par les aftronomes en grou-
pes qu'on appelle constellations. Ce font
des foleils qui ont vraifemblablement autour
d'eux des planètes , que nous ne pouvons
pas apercevoir : la plus brillante de ces
étoiles eft *Syrius* ; elle eft fi éloignée qu'il
eft impoffible d'en mefurer la diftance. On
a donné aux étoiles le nom de fixes , non
parce qu'elles n'ont aucun mouvement ,
mais pour les diftinguer des planètes qui ,
chaque jour , changent visiblement de place.

ABRÉGE DE LA GÉOGRAPHIE.

Pour l'intelligence de la géographie on se sert d'un instrument rond, nommé sphère, dont voici la figure.

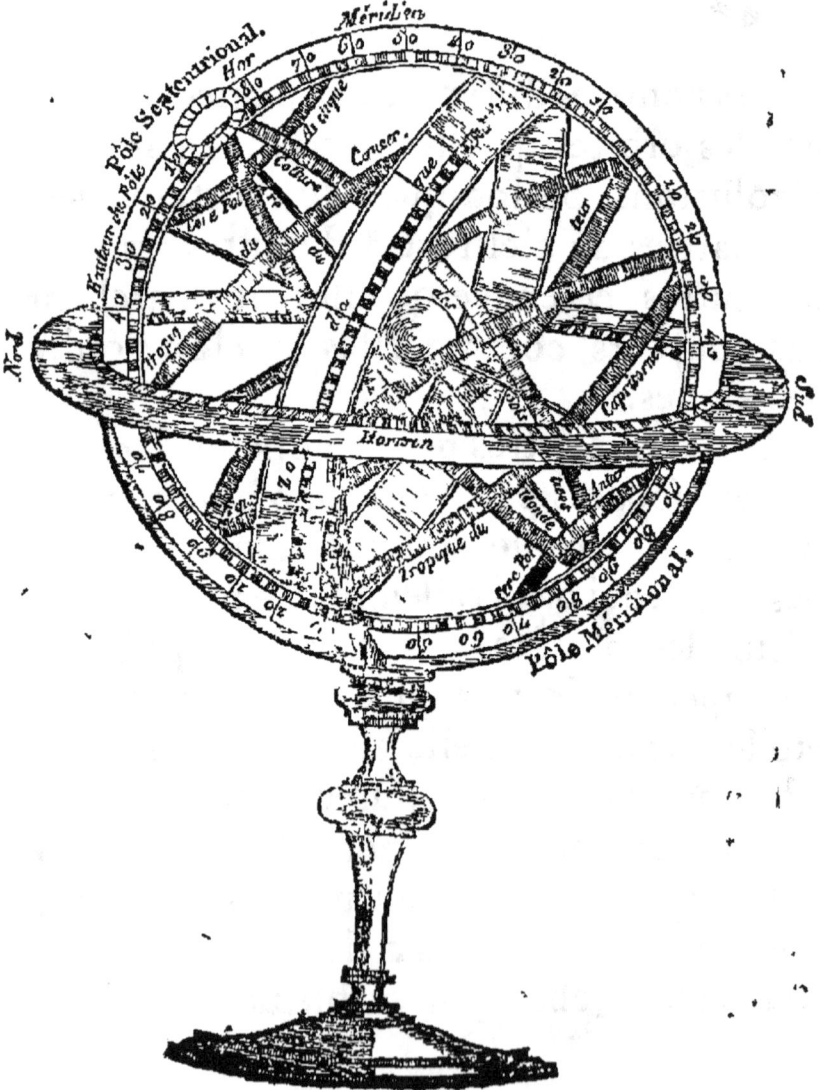

La *Sphère* comme on le voit, est composée de plusieurs cercles, au centre desquels on voit le Soleil & la Terre suspendue vis à-vis de cet astre.

La *Sphère* renferme six grands cercles, & quatre petits.

Les grands cercles passent par son centre et la divisent en deux parties égales. Les petits cercles ne passent pas par son centre et ne la divisent pas en parties égales.

Les six grands cercles sont : l'équateur, l'horizon, le méridien, le zodiaque et les deux colures.

L'équateur partage la sphère en deux hémisphères, celui du nord et celui du sud.

Un espace de terre compris entre deux cercles parallèles à l'équateur se nomme climat. Les climats se partagent en climats d'heures qui sont ceux dont le jour est plus long d'une demi heure en sa fin qu'en son commencement ; et en climats de mois qui sont ceux dont le plus grand jour est plus long d'un mois en sa fin que dans son commencement.

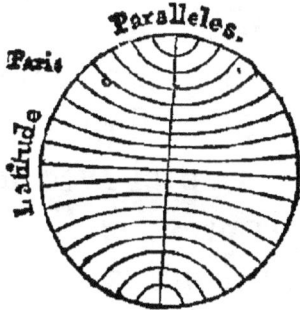

G 6

L'horizon partage la sphère en deux hémisphères, l'un supérieur et l'autre inférieur.

Le méridien coupe l'équateur à angles droits, et divise la sphère en deux hémisphères, celui de l'orient et celui de l'occident. Un homme qui irait d'un pôle à l'autre par une ligne droite ne changerait pas de méridien ; au lieu qu'il en changerait à chaque pas, s'il allait par une ligne droite d'orient en occident, ou d'occident en orient. On peut donc imaginer dans ces directions, autant de méridiens qu'il y a de points dans le ciel ; et tous ces méridiens seront de grands cercles passant par le point du ciel qui répond sur notre tête, et par les deux pôles de la machine céleste.

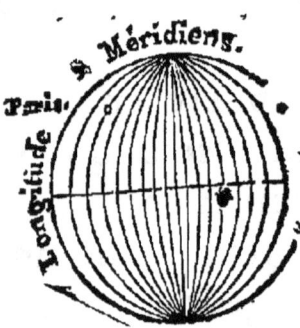

Le zodiaque coupe obliquement l'équateur ; on y a représenté douze signes ou constellations d'étoiles ; les voici avec les caractères qui leur sont propres : *le Belier* ♈, *le Taureau* ♉, *les Gémeaux* ☐, *l'Ecrevisse* ♋, *le Lion* ♌, *la Vierge* ♍, *la Balance* ♎, le Scorpion ♏, le Sagitaire ♐, le Capricorne ♑, le verseau ♒, les Poissons ♓.

Au milieu du zodiaque eſt tracé *l'écliptique*
dont le soleil ne s'écarte point dans ſon
cours annuel.

Les deux colures ſe coupent à angles
droits aux pôles du monde. L'un ſe nomme
le colure des *équinoxes* & l'autre celui des
ſolstices.

Les quatre petits cercles ſont les deux
tropiques & les deux cercles polaires.

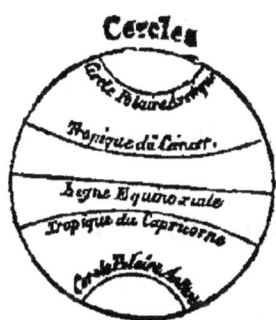

Les deux tropiques ſont
parallèles à l'équateur. L'un
eſt vers le nord & ſe nomme le tropique du *Cancer.*
l'autre vers le ſud , & ſe
nomme le tropique du *Ca-
pricorne.*

Les cercles polaires ſont auſſi éloignés
des pôles de la ſphère , que les deux tropiques le ſont de l'équateur.

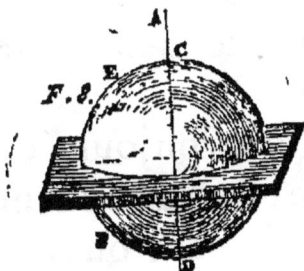

Les pôles de la ſphè-
re ſont les deux extré-
mités de l'axe ou verge de
fer , A-B qui la traverſe
et ſur laquelle elle tourne.
L'un ſe nomme *Arctique* ,
C et l'autre *Antarctique,* D.

Un globe ou une ſphère ſe divise en deux
parties égales appelées *Hémiſphère* E-F.

Cette figure eſt le globe de carton que les géographes ont inventé pour mieux repréſenter la Terre , et ſur lequel ſont tracés les cercles de la ſphère.

On remarque ſur ce globe cinq zones ou bandes : Ces zones ſont la zone torride entre les tropiques , les deux zones tempérées entre les tropiques & les cercles polaires , & les deux zones glaciales entre les cercles polaires & les pôles.

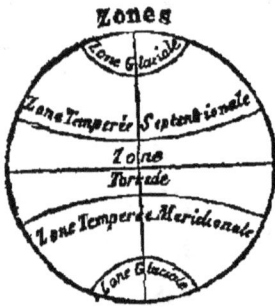

Zones

Chaque cercle eſt composé de 360 degrés , chaque degré de 60 minutes , & chaque minute de 60 ſecondes ; un degré équivaut à 25 lieues de France.

La *latitude* d'un lieu eſt la diſtance de ce lieu à l'équateur.

La *longitude* d'un lieu eſt la diſtance compriſe entre le méridien de ce lieu & le premier méridien.

Les degrés de latitude ſont toujours de 25 lieues ; ceux de longitude diminuent depuis l'équateur juſqu'aux pôles, où tous les méridiens ſe confondent.

La géographie deſcriptive eſt la deſcription du globe terreſtre , qui ſe diviſe en cinq parties ; favoir : *l'Europe*, *l'Afie*, *l'Afrique*, *l'Amérique*, et la *Polynéfie* ou *Océanique*. *L'Europe* eft la moins étendue, mais elle est la plus peuplée & celle ou les arts et les fciences font mieux cultivés. *L'Afie* eft la plus riche en productions naturelles, en pierreries, etc. et en animaux. *L'Afrique* offre les climats les plus chauds et par conféquent beaucoup de déferts. *L'Amérique* découverte en 1492 par Chriftophe Colomb, eft la plus grande partie, et celle où il y a plus de minéraux. La *Polynéfie* eft compofée des îles du grand Océan.

PRINCIPES.

On divife le globe terreftre en deux parties, *l'eau* et la *terre*.

Une *mer* eft un grand affemblage d'eau falée. La plus grande eft *l'Océan*.

Un *détroit* eft une mer refferrée entre deux terres.

Un *golfe* eft une quantité d'eau de la mer qui s'avance dans les terres fans perdre fes communications avec la mer.

Un *lac* eft une grande étendue d'eau qui n'a pas d'écoulement.

Un *fleuve* ne diffère d'une rivière qu'en

ce qu'il parcourt une plus grande étendue de pays et qu'il se jette dans la mer.

L'*étang* ou *vivier* est une eau qui vient d'une rivière ou d'une source , et qu'on retient par une chaussée, ou par un autre moyen , et où l'on conserve du poisson.

Un *marais* est une eau peu profonde qui s'évapore souvent par la chaleur du soleil.

Un *continent* est une grande étendue de pays , contenant plusieurs régions qui ne sont pas séparées par les eaux de la mer.

Un *promontoire* , ou *cap* est une élévation de terre qui avance dans la mer.

On entend par *côte* la partie de la terre qui est baignée par la mer.

Une *montagne* est une masse de terre ou de roche , qui s'élève sur la surface du globe.

Une *rade* est un endroit propre à jeter l'encre et à mettre les vaisseaux à l'abri du vent.

Une *île* est une terre environnée d'eau de tous côtés.

Une *presqu'île* est une terre environnée d'eau , à l'exception d'un seul endroit par où elle tient au continent.

L'*isthme* est une langue de terre , resserrée et pressée entre deux mers , qui joint la presqu'île au continent.

La plupart de ces objets font repréfentés dans la figure fuivante.

Les *quatre points cardinaux* font : le *nord*,
le *midi*, *l'orient* et *l'occident*. Pour les
trouver, il ne faut que tourner le dos au
foleil levant ; on a alors le nord à droite,
le midi à gauche, par derrière l'orient,
& l'occident devant foi. Les vents qui
foufflent de l'un de ces quatres points,
en retiennent leur nom. Les points inter-
médiaires entre ces quatres parties fe nom-
ment : celui entre l'eft & le fud, *le fud-eft* ;
celui entre le fud & l'oueft, *fud-oueft* ;

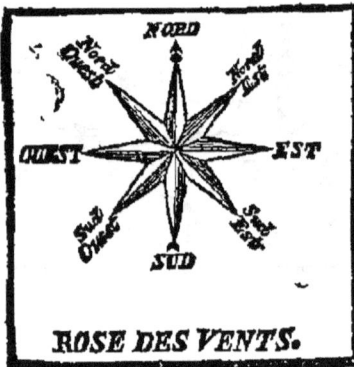

ROSE DES VENTS.

celui entre l'oueft & le
nord, *nord-oueft* ; et
celui entre le nord et
l'eft, *nord-eft*. Ces quatre points cardinaux
font repréfentés fur les
cartes géographiques
par cette figure.

D'après ces abrégés d'Aftronomie et de
Géographie, les enfans fe rendront facilement compte de tout ce que nous allons
expliquer, et qu'il eft indifpenfable de
favoir. Pour mieux le leur apprendre, les
maîtres devront les interroger par les
queftions fuivantes ; *combien y a-t-il d'an-
nées dans un fiècle, de mois dans une année? de jours dans un mois ? d'heures dans
un jour ? &c.*

DU TEMPS, DU CALENDRIER, DES JOURS ET DES HEURES.

Un fiécle eft un efpace de temps qui renferme cent ans. Un an eft l'efpace de douze mois, et un mois fuivant l'ère vulgaire eft compofé de quatre femaines et quelques jours.

Il y a cinquante-deux femaines par an, qui ont chacune fept jours, dont voici les noms : Dimanche, lundi, mardi, mercredi, jeudi, vendredi, et famedi. L'année a donc 365 jours et 366 tous les quatre ans ; c'eft cette quatrième année qu'on nomme biffextile.

Les douze mois de l'ère vulgaire font : Janvier, Février, Mars, Avril, Mai, Juin, Juillet, Août, Septembre, Octobre, Novembre & Décembre.

Un jour renferme vingt-quatre heures, & on l'appelle jour naturel. Il eſt diviſé en deux parties, la nuit & le jour ; que l'on partage auſſi en quatre, qui font : le matin, le midi, le ſoir & minuit.

Le jour proprement dit, eſt l'eſpace de temps depuis le ſoleil levant juſqu'au ſoleil couchant, & la nuit depuis le ſoleil couchant juſqu'au ſoleil levant. Le jour à douze heures, & la nuit autant, il n'eſt pas toujours égal ; il change ſuivant les ſaiſons, car il eſt ainſi que la nuit, tantôt plus long, tantôt plus court.

Une heure eſt l'eſpace de ſoixante minutes, & chaque minute a ſoixante ſecondes.

Une ſaiſon eſt une révolution qui se fait dans la nature, régulièrement quatre fois dans l'année & qu'on nomme, le printemps, l'été, l'automne, & l'hiver.

Chaque ſaiſon dure trois mois ; ainſi le printemps commence le vingt-un mars ; l'été le ving-un juin ; l'automne le vingt-un ſeptembre, & l'hiver le vingt-un décembre.

Les jours fe trouvent deux fois dans l'année égaux aux nuits , aux 21 ou 22 mars , & aux 21 ou 22 feptembre.

Ce font ces temps qu'on appelle équinoxes ; & c'eft le 21 ou 22 juin , & le 21 ou 22 décembre , qu'arrivent les folftices d'été & d'hiver.

La lumiére qui précède le lever du foleil s'appelle *aurore* ; celle qui fuit fon coucher, *crépufcule* ; c'eft auffi la lumière que l'on aperçoit le matin un peu avant l'aurore.

Les jours caniculaires font les plus chauds de l'année depuis le 20 juillet , jufqu'au 30 août. On leur a donné ce nom , parce que l'étoile du grand chien fe lève & fe couche pendant tout ce temps là , fi près du foleil , qu'elle eft cachée dans fes rayons.

Le jour le plus long , eft le 21 ou 22 juin ; enfuite les jours décroissent fucceffivement , & le jour le plus court arrive le 21 ou 22 décembre , & alors les jours croiffent progreffivement.

L'année des anciens commençait au mois de mars , & n'avait que dix mois , ils en ajoutèrent enfuite deux.

L'ancien calendrier fut réformé par Jules-Céfar , 46 ans avant Jéfus-Chrift ;

et par le Pape Grégoire XIII , 1682 ans après Jésus-Christ.

Une olympiade est un espace de 4 ans. Les grecs se servaient de cette manière de compter , parce qu'ils célébraient tous les 4 ans leurs jeux & fêtes , près de la ville d'*Olympie*.

Une époque , est aussi une manière de compter , qui ne désigne pas la même durée. Elle marque le temps depuis un événement remarquable , jusqu'à un autre temps , comme : depuis la *création du monde* , *jusqu'au déluge*. Elle désigne aussi l'événement même , comme : la *naissance de Notre-Seigneur* , *la destruction du Temple* , *de la ville de Jérusalem* , &c.

Un *lustre* , est l'espace de 5 ans , une *indiction* , est un espace de 15 ans qui revient à chaque seizième année. Elle a commencé 5 ans avant l'ère vulgaire , & un *jubilé* , est une solemnité tous les siècles , demi siècle , ou quart de siècle.

PRINCIPES DE LECTURE

D'ORTHOGRAPHE ET DE PRONONCIATION FRANÇAISE.

TROISIEME PARTIE.

INSTRUCTION

Pour les Personnes qui enseigent à lire.

CETTE troisième Partie des *Vrais Principes de la lecture*, contient : 1.º Un abrégé de l'histoire sainte , qui est l'histoire de notre religion , qu'il n'est par conséquent pas permis d'ignorer , & qu'il faut faire servir de fondement à l'instruction de la jeunesse. L'histoire sainte nous a paru d'autant plus propre à ce dessein , qu'elle joint l'agréable à l'utile ; qu'elle est capable d'amuser les enfans par le merveilleux qu'elle contient ; & de les instruire par les réflexions qui en naissent naturellement & que les maîtres ne doivent pas manquer de leur expliquer avec foi & humilité. Ils apprendront ainsi tout ce qu'il faut savoir pour être honnête homme & bon chrétien.

2º. L'hiſtoire de France qui eſt la plus indiſpenſable à connaître après celle de notre religion. C'eſt plutôt le tableau des rois de France par ordre de ſucceſſion que noús donnons dans cet ouvrage élémentaire. Les maîtres pourront y ajouter quelques développemens pour préparer leurs élèves à une étude plus étendue de l'histoire de notre pays , qu'ils pourront faire plus tard dans une foule de bons abrégés qui ne laiſſent que l'embarras du choix.

3.º Une petite encyclopédie des arts & métiers qui donnera aux enfans , ſur les principales ſciences , des notions simples et abrégées , mais néceſſaires à quiconque ne veut pas être pris au dépourvu , et convaincu d'ignorance dans les matières les plus communes.

4.º Quelques fables & pièces de vers , avec une inſtruction ſur la manière de les lire ou réciter , qui terminent & complètent le travail que nous avons préparé pour l'instruction des enfans. L'Ouvrage mérite ainſi l'approbation des Maîtres; les enfans en retireront le plus grand fruit , & ſentiront tout le prix que nous avons cherché à mettre dans ce travail.

ABRÉGÉ

ABRÉGÉ DE L'HISTOIRE SAINTE.

L'hiſtoire ſainte eſt l'hiſtoire de ce que Dieu a daigné faire en faveur du monde & des hommes ; elle commence à la création du monde même, et finit avec la vie de Jéſus-Chriſt.

Dieu voulant tirer du néant le monde & tout ce qu'il renferme, employa, dit l'écriture ſainte, ſix jours pour terminer ce grand ouvrage. Au premier, après la création du ciel & de la terre, il commanda que la lumière fut faite ; au ſecond jour il fit le firmament auquel il donna le nom de Ciel ; au troiſième, il ſépara la terre ſèche d'avec les eaux qui y étaient mêlées, qu'il raſſembla toutes, & auxquelles il donna le nom de mer ; il commanda enſuite que la terre produiſit toutes ſortes de plantes ; au quatrième jour, Dieu fit le ſoleil, la lune & les étoiles, au cinquième, il créa les poiſſons pour habiter les eaux, & les oiſeaux pour multiplier dans les airs ; enfin, au ſixième jour ; il voulut que la terre ſe couvrit d'animaux vivans, &, pour couronner ſes œuvres, il créa l'homme qui, ſeul de toutes les créatures , sait connaître & aimer celui qui lui a donné l'exiftence. Dieu ceffa d'agir le feptième jour , & c'eft pour cette raifon qu'il l'a confacré au repos.

Le premier homme eût le nom d'Adam. Dieu lui donna une compagne qui fut appelée Eve , & les placa dans un jardin délicieux, nommé Eden ou paradis terreftre où ils jouiffaient d'un bonheur fans mélange. Ils avaient la liberté de manger toutes fortes de fruits , hors de ceux de l'arbre de la fcience du bien & du mal , que Dieu leur ayait défendu. Malheureufement, Eve , trompée par un efprit infernal qui lui apparut fous la figure d'un ferpent , mangea de ce fruit & en fit manger à fon mari. Dieu alors chaffa du paradis terreftre l'homme & la femme , qui furent réduits à une condition malheureufe, & fe virent obligés de travailler pour fe procurer leur fubfistance journalière. Ce ne fut qu'après leur chute qu'ils eurent des enfans , qui furent Caïn & Abel. Caïn tua fon frère par envie de fa vertu ; les defcendans de ce méchant lui reffemblèrent. Adam eut un autre fils nommé Seth , dont les enfans confervèrent la crainte de Dieu , mais ils s'allièrent avec les hommes coupables & finirent par leur reſſembler.

Dieu réſolut alors de détruire cette race perverſe, mais Noé, descendu de Seth, trouva grace devant lui ; il l'avertit de ſon deſſein et lui ordonna de construire une arche, c'eſt-à-dire, un vaiſſeau aſſez grand pour contenir ſa famille, un couple de chaque eſpèce de bêtes & d'oiſeaux. Quand il y fut entré, Dieu fit tomber pendant quarante jours et quarante nuits, une pluie épouvantable, accompagnée du débordement de la mer, en ſorte que toute la terre fut couverte d'eau, et que les hommes et les animaux périrent dans ce déluge univerſel. Huit perſonnés ſeulement furent ſauvées, Noé, ſa femme, ſes trois fils et leurs épouſes, ce furent elles qui repeuplèrent le monde. Mais le châtiment que Dieu infligea par le déluge à la terre, ne fit pas impreſſion ſur les nouveaux hommes dont il la repeupla, ils s'oublièrent au contraire, bien vîte ce châtiment terrible : ils oublièrent de même le Dieu qui l'avait envoyé, et s'abandonnèrent à toutes ſortes d'impiétés en adorant les aſtres ou quelques divinités ridicules, ouvrages de leurs mains.

La vraie religion ne fut cependant pas entièrement perdue, elle se conserva chez quelques saints personnages, principalement dans la race de Sem, l'un des trois fils de Noé. Un d'entr'eux fut Abraham que Dieu choisit pour faire alliance avec lui ; il lui commanda de quitter son pays, et lui promit de le rendre père d'un peuple innombrable, qui posséderait la terre de Chanaan. Il lui ordonna aussi la circoncision pour marque de son alliance, et lui donna un fils nommé Isaac, qu'il lui commanda de sacrifier pour éprouver sa foi ; mais il l'arrêta comme il était prêt à l'égorger sur l'autel.

Isaac eut pour fils Jacob et Esaü. Jacob, à son tour eut douze fils, qui furent les douze patriarches, pères des douze tribus d'Israël.

Joseph, l'un des fils de ce patriarche, fut vendu par ses frères, et conduit en Egypte, où il resta long-temps en esclavage. Mais Dieu, qui relève l'opprimé, et qui récompense celui qui est vertueux, jeta un regard sur lui, et le tira des chaînes de l'esclavage pour en faire le principal ministre de Pharaon, roi d'Egypte.

Joseph devenu puissant, ne se vengea

pas de ſes frères : car , la famine les ayant fait ſortir de la terre de Chanaan pour venir acheter du blé en Egypte , Joseph les accueillit avec bonté , se fit connaître à eux , et leur ordonna d'amener Jacob en Egypte ; il combla alors de biens toute ſa famille.

Jacob & ſes fils moururent en Egypte , & leurs deſcendans multiplièrent ſi prodigieuſement , qu'un autre roi d'Egypte , craignant qu'ils ne ſe rendiſſent trop puiſſans , les chargea de travaux pénibles , & voulut même faire périr tous leurs enfans mâles ; mais Dieu eut pitié de ſon peuple , & envoya , pour le délivrer , Moïſe , deſcendu de Lévi , avec ſon frère Aaron.

Dieu lui-même daigna l'en inſtruire , & lui apparut dans un buiſſon ardent ſur la montagne d'Horeb. Moïſe quitta auſſitôt ſon déſert & ſe rendit en Egypte , où il parut devant Pharaon , pour lui ordonner , de la part de Dieu , de rendre la liberté aux hébreux , c'eſt le nom que l'on donne aux deſcendans de Jacob.

Pharaon ne ſe ſoumit pas à l'ordre de Dieu ; il prit au contraire plaiſir à charger de nouveaux travaux , le peuple infortuné qu'il opprimait. Moïſe opéra en vain plufieurs prodiges , ils ne purent toucher le cœur de ce prince ; le libérateur eût alors recours aux vengeances du Très-Haut , & affligea l'Egypte des maux horribles, que l'on appelle les *plaies d'Egypte* ; enfin , le roi fe vit contraint de permettre aux hébreux de fe retirer.

Ce fut dans cette grande circonftance que les hébreux inftituèrent la Pâque. Dieu leur ordonna de célébrer une fête avant leur fortie d'Egypte , & de manger dans chaque famille un agneau rôti ; après avoir marqué de fon fang la porte de chaque maifon. *Pâque* fignifie *paffage* Il leur fut également ordonné de faire un pareil facrifice & un pareil repas tous les ans , en mémoire de leur délivrance. Mais Pharaon fe repentit bientôt de la liberté qu'il avait donnée aux hébreux ; à peine les vit-il partis , qu'il fongea à les faire rentrer fous le joug ; il les pourfuivit avec une armée confidérable ; mais , dans cette occafion, Dieu donna une preuve éclatante de fa bonté envers les defcendans de fon ferviteur Jacob ; il ouvrit les flots de la mer rouge , & leur fit un paffage à travers cette mer. Les Egyptiens continuant de les pourfuivre , fe virent tout-à-coup engloutis au

milieu des eaux qui retombèrent fur eux.
Les hébreux furent, par ce miracle, déli-
vrés de leurs ennemis; & fans reconnaître
ce grand bienfait, dès qu'ils fe virent dans
le défert, & qu'ils eurent fenti la faim &
la foif, ils murmurèrent contre Moïfe,
leur conducteur. Dieu cependant ne les
abandonna pas, il fit pleuvoir la manne
qui les nourrit pendant quarante ans, &
fit couler une eau pure du fein des rochers
arides.

Ce fut le cinquantième jour après la Pâque, que Dieu donna les tables de la loi à
fon peuple; ils étaient alors au pied du mont
Sinaï. Les éclairs & les tonnerres annoncè-
rent fur le fommet de cette montagne la
préfence de Dieu : Moïfe feul s'y rendit,
& revint bientôt avec les tables de pierre,
fur lesquelles étaient écrits les commande-
mens de Dieu, que voici : ces comman-
demens font au nombre de dix :

1°. Je fuis le Seigneur ton Dieu, qui t'ai
tiré de l'Egypte : tu n'adoreras point d'autres dieux devant moi; tu ne te feras point
d'idole, aucune figure pour l'adorer ; 2.°
Tu ne prendras point le nom du Seigneur
en vain ; 3.° Souviens-toi de fanctifier le
jour du fabbat, c'eft-à-dire, le repos du

feptième jour ; 4.º Honore ton père & ta mère , afin que tu vives long-temps dans la terre promife ; 5.º Tu ne tueras point ; 6.º Tu ne commettras point d'adultère ; 7.º Tu ne déroberas point ; 8.º Tu ne diras point de faux témoignages contre ton prochain ; 9.º Tu ne défireras point la femme de ton prochain ; 10.º Tu ne défireras point le bien de ton prochain.

Dieu ordonna qu'on plaçât les tables de la loi dans l'arche d'alliance , qui était un coffre de bois précieux revêtu d'or. Cette arche fut gardée dans un tabernacle, c'eft-à-dire, une tente formée de riches étoffes , & devant il y avait un autel où l'on faifait les facrifices en égorgeant des bœufs, des moutons , que l'on faifait ensuite brûler sur l'autel : c'était la manière d'honorer Dieu dans ce temps-là. Aaron & les enfans furent confacrés prêtres pour offrir ces facrifices , & tout le refte de la tribu de Lévi fut deftiné au fervice du tabernacle.

Dieu conduifait les hébreux dans la terre de Chanaan , qu'il leur avait promife , & qu'avait habitée Abraham , leur père ; mais pour punition de leurs fautes, ils n'y parvinrent qu'après avoir féjourné quarante ans dans le défert.

Moïſe, après avoir été le libérateur des hébreux, en fut auſſi le légiſlateur; il leur donna des lois pour régler leurs intérêts, leur morale & leur culte; mais ce peuple ne fut pas fidèle aux lois qu'il avait reçues. Il les oublia ſouvent, au contraire; & Dieu fut toujours obligé de le châtier ſévèrement pour le remettre dans le ſentier de la juſtice.

Voici quel fut le gouvernement des hé-breux établis dans la terre de Chanaan: les hébreux que l'on nomma auſſi *iſraélites*, eurent des juges choiſis parmi leurs plus ſages vieillards, pour les gouverner; ce gouvernement, qui rappelait l'autorité paternelle des anciens patriarches, ſub-ſiſta long-temps; mais à la fin, ils s'en laſsèrent & voulurent avoir des rois, dont le premier fut Saül de la tribu de Benjamin. Le prophète Samuël le reconnut pour celui que Dieu avait choiſi pour régner ſur ſon peuple; mais Saül ſe rendit bientôt indi-gne de cette prédilection: Dieu qui l'avait élevé, le renverſa; il eut pour ſucceſſeur David, fils d'Iſaï, de la tribu de Juda. Samuël, toujours par l'ordre du ciel, l'alla chercher pendant qu'il faiſait paître ſon troupeau, et lui verſa de l'huile ſur la tête

H

en figne de confécration. D'avid n'avait guère alors que quinze ans , Samuël l'introduifit à la cour de Saül , pour jouer de la harpe devant ce prince , qui était tourmenté d'une sombre mélancolie. Saül le prit d'abord en amitié ; mais il lui montra enfuite une jaloufie cruelle , à caufe des belles actions qu'il lui vit faire ; il le perfécuta avec tant d'acharnement , qu'il le força à fe réfugier chez fes ennemis ; mais après la mort de ce roi injufte , qui fut tué dans un combat , David le remplaça fur le trône.

² Ce prince ne fut d'abord reconnu roi que par la tribu de Juda ; mais le succès de ses armes lui foumit bientôt les autres tribus. Jérufalem n'avait point encore subi le joug des hébreux ; elle appartenait toujours aux jébuséens , descendans des chananéens : David marcha contre elle , l'affiégea , la prit , en chaffa les habitans & y établit fon féjour : depuis lors cette ville fut la plus grande , la plus riche et la plus célèbre de la Judée. On y transporta en grande pompe l'arche d'alliance , & David forma le projet d'élever un temple magnifique ; mais il ne put que raffembler les matériaux ; c'était à Salomon qu'était réfervée

la gloire d'élever ce monument sacré. David remporta plusieurs victoires sur les philistins, anciens ennemis des hébreux, sur les moabites, sur Adad, roi de Syrie; il subjugua les iduméens, & éleva sa nation à un point de gloire où elle ne s'était point encore vue. Quelques-fautes ternirent l'éclat d'une si grande gloire, & Dieu permit que la fin de son règne fut troublée par des dissentions domestiques : son fils Absalon osa s'élever contre lui, & tenta de le renverser de son trône ; mais Dieu ne l'abandonna point & le fit triompher de tous ses ennemis.

Salomon, l'un de ses fils, lui succéda. Ce prince fut le plus grand & le plus heureux des rois des juifs; ce fut lui qui bâtit le magnifique temple de Jérusalem, où tous les Israélites devaient venir offrir des sacrifices ; son règne fut long & paisible, il commandait à plusieurs nations étrangères, outre le peuple de Dieu : il avait des richesses immenses ; une prodigieuse quantité d'or & d'argent, & jouissait de tous les plaisirs de la vie. Mais ce qui était bien préférable à tous les plaisirs et à tous les trésors, c'était la sagesse que Dieu lui avait donnée, et qui le mettait au-dessus de tous les hommes. Malheureufement il profita mal de ce don précieux ; il s'égara dans fa vieilleffe , et Dieu le punit dans fa poftérité. Après fa mort , les ifraélites fe divisèrent , et il n'y eut que les tribus de Juda et de Benjamin qui obéirent à Roboam , fils de Salomon ; les dix autres élurent pour leur roi , Jéroboam , de la tribu d'Ephraïm Mais la religion fouffrit de cette divifion ; car Jéroboam craignant que les ifraélites ne retournaffent à l'obéiffance de leur roi légitime , s'ils continuaient d'aller faire leurs prières et leurs facrifices à Jérufalem , leur donna un autre culte et les ramena à l'adoration des idoles. Tous les rois qui lui fuccédèrent entretinrent cette fauffe et.déteftable religion ; le vrai culte ne fut confervé que dans Jérufalem.

Le royaume des dix tribus , fe nomma le royaume *d'Ifraël* ; le royaume fidèle aux defcendans de David fut appelé le royaume de *Juda* , et de là on nomma le pays *Judée*, et les habitans *juifs*.

Dieu abandonna les ifraélites à euxmêmes ; fa bonté paternelle chercha à les faire rentrer dans le fentier de la juftice et de la vérité : il leur envoya des prophètes pour les avertir de leurs fautes et les rappeler à lui. Il en envoya également aux rois de Juda , qui souvent aussi s'écartèrent de la route que le légiflateur leur avait tracée.

Les prophètes étaient des hommes remplis de l'efprit de Dieu et qui prédifaient l'avenir.

Les rois d'Ifraël et de Juda ne profitèrent pas des avertiffemens de ces hommes favorifés du Ciel ; ils perfécutèrent au contraire les prophètes , et femblèrent ne rien oublier pour provoquer les vengeances céleftes. Auffi Dieu accomplit-il fes menaces : le royaume d'Ifraël fut détruit , et les dix tribus furent difperfées en des pays éloignés d'où elles ne revinrent jamais. Ensuite Nabuchodonofor , roi de Babylone , ruina Jérufalem , brûla le temple , et emmena le peuple en captivité.

Babylone était alors la ville la plus puiffante du monde; mais elle était pleine d'idolâtrie , de fuperftition , de débauches et de toutes fortes de vices. Les juifs cependant y gardèrent leur religion , et y obfervèrent la loi de Moïfe.

Les juifs furent tirés de la captivité de Babylone par Cyrus , roi de Perfe , qui ayant vaincu et foumis les babyloniens , remit les juifs en liberté, leur permit de retourner dans leur pays, de rebâtir le temple et la ville de Jérufalem.

La captivité de Babylone corrigea les juifs, ils furent beaucoup plus fidèles aux lois de Moïfe, et n'oublièrent plus le vrai Dieu pour de vaines idoles; ils vécurent long-temps fous les rois de Perfe, en paix et avec liberté entière pour l'exercice de leur religion. Ce fut alors qu'ils commencèrent à faire connaître cette religion aux peuples voisins, et quelques-uns de ces peuples adoptèrent la croyance du vrai Dieu et les lois de Moïfe, mais les conquêtes d'Alexandre, roi de Macédoine, en renversant le vafte empire des perfes, donna de nouveaux maîtres aux juifs. Ce conquérant étant mort, fes conquêtes furent partagées entre fes généraux; delà vinrent les Ptoloméces, rois d'Egypte, dont la capitale était Alexandrie, et les Séleucides, roi de Syrie, qui réfidèrent à Antioche. Les juifs souffrirent affez fouvent de leurs divifions et de leurs guerres.

L'un d'eux, Antiochus, furnommé l'illuftre, s'attacha principalement à perfécuter les juifs. Il voulut les forcer à fe conformer aux mœurs et aux fuperftitions des grecs, à renoncer à leurs lois et à leur religion. Il furprit Jérufalem, profana le temple, fit ceffer les facrifices, et ordonna le fupplice d'un grand nombre de Juifs qui aimèrent mieux perdre la vie que de violer la loi de Dieu.

Ce fut à cette époque défaftreufe que parurent Judas-Machabée et fes frères, qui touchés d'une généreufe compaffion pour leurs malheureux compatriotes, prirent les armes et réfolurent de défendre la patrie et la religion. Quelques juifs des plus zélés fe joignirent à eux, et malgré leur petit nombre, le fecours de Dieu les rendit victorieux. Ils reprirent Jérufalem, purifièrent le temple, rétablirent les facrifices et affranchirent entièrement le peuple du joug des autres nations. Simon, l'un de ces illuftres frères, fut reconnu chef du peuple et fouverain pontife; car ils étaient de la race facerdotale, defcendans d'Aaron. Les defcendans de Simon prirent le titre de rois, mais leur puiffance ne fut pas de longue durée. Elle fut renverfée par les Romains; déjà maîtres d'une grande partie du monde connu, ils conquirent l'orient fous la conduite de Pompée, et ruinèrent en même temps les rois de Syrie et les rois des juifs.

Ce fut à la suite des troubles occasionnés par les conquêtes des romains, qu'Hérode-le-Grand parvint au trône.

Ce prince artificieux qui n'était point de race juive, mais iduméen, s'empara de l'autorité souveraine, en flattant tour-à-tour Jules-César, Antoine & Auguste. Il suivait la religion juive, ainsi que faisaient les iduméens ; mais, au fond, c'était un homme véritablement impie qui méprisait tout ce qui ne lui était d'aucune utilité, & rapportait tout à son ambition ; sa cruauté fut épouvantable, il fit périr un grand nombre de juifs, et couronna ses atrocités par le meurtre de son épouse et de plusieurs de ses enfans.

Ce fut pendant qu'Hérode regnait en Judée et que César-Auguste était empereur de Rome, que Jésus-Christ vint parmi les hommes.

Il y avait à cette époque parmi les juifs une fille d'une grande sainteté, nommée *Marie*, qui avait été fiancée à un homme nommé Joseph. Tous deux étaient de la tribu de Juda et de la race de David, mais ils étaient pauvres, et Joseph faisait le métier de charpentier.

Ces deux illustres époux demeuraient à

Nazareth , petite ville de la Galilée , qui eſt une province du royaume d'Iſraël. Un ange vint annoncer à Marie qu'elle ferait la mère du Chriſt. Ce fut à Béthléem qu'elle mit au monde ce divin enfant. Elle avait été obligée de ſe rendre avec ſon époux dans cette ville de la Judée pour ſatisfaire à une ordonnance de l'empereur Auguſte , qui voulait que chacun fît inſcrire ſon nom dans le lieu de ſon origine. Ils ne trouvèrent point de place dans l'hôtellerie et furent contraints de se loger dans une étable.

On lui donna le nom de Jéſus , qui ſignifie ſauveur , ainſi que l'ange l'avait ordonné , et huit jours après ſa naiſſance il fut circoncis, ſuivant la coutume des juifs. Quelque temps après , des mages , c'eſt-à-dire, des hommes ſavans vinrent de l'orient pour l'adorer , et lui offrirent de l'or , de la myrrhe et de l'encens. Comme ils diſaient qu'ils venaient adorer le roi des juifs, Hérode en prit l'alarme , et fit mourir tous les enfans des environs de Bethléem. Mais ſaint Joſeph emmena Jéſus en Egypte avec ſa mère , et ils y demeurèrent juſqu'à la mort d'Hérode ; puis ils revinrent à Nazareth , où Jéſus vécut inconnu

jufqu'à l'âge d'environ trente ans , foumis
à fa mère & à. S. Joseph qui paffait pour
fon père , & travaillant avec lui de fon
métier de charpentier.

Saint Jean-Baptifte vivait alors dans le
défert , prêchait ceux qui venaient à lui ,
& baptifait dans le Jourdain ceux qui pro-
fitaient de ses prédications , c'eft-à-dire ,
qu'il les faifait fe baigner et fe laver pour
la rémiffion de leurs fautes , comme les
juifs avaient coutume, de fe laver pour fe
purifier fuivant la loi. Delà lui vint le nom
de Baptifte. Il annonça que Jéfus-Chrift
était le Meffie , & le baptifa.

Après le baptême , Jéfus alla dans le défert où il jeûna quarante jours , & fut tenté
du démon. Il revint enfuite en Galilée &
demeura près du lac de Généfareth. Là il
appela pour le fuivre quatre pêcheurs :
André & Simon fon frère , & deux autres
frères , Jacques & Jean , enfans de Zébé-
dée ; il en appela d'autres enfuite. Bientôt
il eut un grand nombre de difciples , c'eft-
à-dire , de gens attachés à l'écouter et à
s'inftruire foigneufement de fa doctrine. Il
en choifit douze qu'il nomma *apôtres* , c'eft-
à-dire, *envoyés* , parce qu'il les envoya prêcher fa doctrine , & fit connaître fa mis-

fion divine , par des miracles nombreux.

Ses fuccès lui attirèrent des ennemis :
les pharifiens furent les plus ardens à le
perfécuter , parce qu'il reprit hautement
leurs vices & leur hypocrifie. Les facrifi-
cateurs & les fénateurs lui montrèrent autant de haine & fongèrent à le faire périr.

Ce fut au temps de Pâques que les ennemis de Jéfus réfolurent de le perdre & de
le faire mourir.

Le jeudi Jésus-Chrift alla faire la cène
avec fes difciples , c'eft-à-dire , fouper
avec eux. Comme ils mangeaient , il prit
du pain , le bénit , le rompit , & le leur
diftribua , en difant : prenez et mangez ,
ceci eft mon corps : Puis il prit du vin
de la coupe , le bénit de même et le leur
donna en difant : buvez-en tous , ceci eft
mon fang qui fera répandu pour vous. En
fortant de ce lieu , il fe rendit au mont
des olives , en un jardin où il avait coutume de prier. C'était le moment qu'un
des apôtres , Judas Ifcariote , avait choifi
pour exécuter la trahifon qu'il avait con-
çue ; il parut avec une troupe de gens ar-
més qui prirent Jéfus et le menèrent chez
Caïphe le fouverain facrificateur , où il
fut condamné à mort fur de faux témoi-

gnages. De chez Caïphe, on le mena chez Ponce Pilate qui gouvernait la Judée pour les romains. Pilate le trouvant innocent voulait le délivrer ; il fe contenta de le faire fouetter et couronner d'épines, en dérifion de ce qu'il fe difait roi des juifs : mais ceux ci demandèrent fa mort à grands cris, et le faible gouverneur le leur abandonna.

On conduifit Jéfus, chargé d'une croix pefante, en un lieu nommé Golgota ou Calvaire. Là, l'homme Dieu fut crucifié entre deux voleurs. La croix était alors le plus infâme fupplice qui fût en ufage ; on n'y condamnait que des efclaves et d'autres miférables, et encore pour les plus grands crimes. Cet événement funefte, qui fit pâlir le foleil, trembler la terre et fortir les morts de leurs tombeaux, eut lieu le vendredi.

Jéfus ne refta pas fur la croix ; Nicodème et Jofeph d'Arimathie obtinrent la permiffion de donner la fépulture à fon corps ; ils l'embaumèrent fuivant la coutume des juifs, et le mirent dans un fépulcre neuf, que Jofeph avait fait faire et qui fe trouvait près du Calvaire. Jéfus fortit de ce tombeau vivant et glorieux trois jours après.

Il apparut plusieurs fois à ses disciples pendant quarante jours, et leur ordonna d'aller prêcher l'Evangile à toutes les nations. Le cinquantième jour après la pâque, il envoya le Saint-Esprit à ses disciples. Alors ils se répandirent de côté et d'autre pour remplir la mission dont ils étaient chargés.

Les juifs ne se soutinrent pas encore long-temps après la publication de l'Evangile : ce peuple inquiet ne savait être ni libre ni esclave ; il se révolta plusieurs fois pour secouer le joug des romains. Il y eut une guerre très-cruelle : Jérusalem fut assiégée ; la famine y devint si grande qu'il y eut des mères qui mangèrent leurs propres enfans. La ville fut prise & ruinée par Titus, fils de l'Empereur Vespasien ; & le temple livré aux flammes disparut de dessus la terre. Ainsi Dieu punit cette ville tant de fois ingrate & qui avait fait périr presque tous les prophètes qui lui avaient été envoyés.

ARREGÉ CHRONOLOGIQUE
DE L'HISTOIRE DE FRANCE.

On croit que les français sortirent originairement d'un pays au-delà du Rhin, appelé *Franconie*, d'où ils tirèrent le nom de *Francs*. Leur histoire commence vers l'an 420, Théodose étant empereur d'orient, et Honorius d'occident. On la fait commencer à cette époque, parce que ce fut vers ce temps-là que le gouvernement des français, prit une forme plus régulière et plus stable.

Il y a eu 72 Rois depuis Pharamond, jusqu'à Louis-Philippe I, divisés en trois races : 22 sous la première, dite des Mérovingiens ; 13 sous la seconde, dite des Carlovingiens, et 37 sous la troisième, dite des Capétiens.

Pháramond I. roi de France, régna 8 ans, V. siècle. 420.

Clodion, dit *le Chevelu*, II. roi de France, régna 20 ans, V. siècle. 428.

Mérouée, fils de *Clodion*, III. roi de France, régna 10 ans, V. siècle. 448.

Childéric I, IV. roi de France, régna 23 ans, V. siècle. 458.

Clovis I, dit *le Grand*, V. roi de France, et premier roi chrétien, régna 30 ans, V. siècle. 481.

Partage du royaume entre les fils de Clovis.

Childebert I, VI. roi de France, régna 47 ans, VI. siècle. 511.

Clotaire I, VII. roi de France, régna 50 ans, VI. siècle. 560.

Partage entre les fils de Clotaire I.

Chérébert, VIII. roi de France, régna 9 ans, VI. siècle. 562.

Chilpéric I, IX. roi de France, régna 23 ans, VI. siècle. 571.

Clotaire II, fils de Chilpéric I, X. roi de France, régna 44 ans, VI. siècle. 584.

Dagobert I, XI. roi de France, régna 10 ans, VII. siècle. 628.

Clovis II, XII. roi de France, régna 17 ans, VII. siècle. 638.

Clotaire III, XIII. roi de France, régna 14 ans, VII. siècle. 656.

Childéric II, fils de Clovis second, XIV. roi de France, régna 2 ans, VII. siècle. 671.

Thierry I, fils de Clovis II, XV. roi de France, régna 18 ans, VII. siècle. 673. *Déposé, puis rétabli.*

Clovis III, XVI. roi de France, régna 5 ans, VII. siècle. 691. *Roi fainéant.*

Childebert II, dit *le Juste*, XVII. roi de France, régna 11 ans, VII. siècle. 695. *Roi fainéant.*

Dagobert II, XVIII. roi de France, régna 4 ans, VIII. siècle. 711. *Roi fainéant.*

Clotaire IV, **XIX.** roi de France, régna 17 mois. VIII. siècle. 715. *Fantôme de roi depuis 717 jusqu'en 719.*

Chilpéric II, **XX.** roi de France, régna 4 ans, VIII. siècle. 716. *Déposé en 717, puis rétabli en 719. Interrègne de deux ans.*

Théodoric ou *Thierry II*, **XXI.** roi de France, régna 17 ans, VIII. siècle. 720.

Childéric III, dit *l'Insensé*, **XXII.** roi de France et le dernier de la première race, régna 10 ans, VIII. siècle. 742.

Ici commence la II.e race.

Pépin, dit *le Bref*, fils de Charles Martel, **XXIII.** roi de France, régna 16 ans, VIII. siècle. 752.

Charles I.er, dit *le Grand*, ou *Charlemagne*, fils de Pépin, **XXIV.** roi de France, et Emp. d'Occident, régna 46 ans, VIII. siècle. 768.

Louis I.er, surnommé *le Débonnaire*, Empereur, **XXV.** roi de France, régna 26 ans, IX. siècle. 814.

Charles II, dit le *Chauve*, Empereur, **XXVI.** roi de France, régna 17 ans, IX. siècle. 840.

Louis II, dit le *Bègue*, Empereur. **XXVII.** roi de France, régna 2 ans, IX. siècle. 877.

Louis III et *Carloman*, **XXVIII** et **XXIX.** rois de France, régnèrent 5 ans, IX. siècle. 879.

-*Charles*

Charles III, dit le *Gros*, Empereur, XXX. roi de France, régna 2 ans, IX siècle. 885.

Eudes ou *Odon* XXXI. Roi de France, régna 10 ans, IX. siècle. 887.

Charles IV, dit le *Simple*, fils de Louis-le-Bègue. XXXII. roi de France, régna 31 ans, IX. siècle. 898.

Robert usurpe en 922.

Raoul, duc de *Bourgogne*, XXXIII. roi de France, régna 13 ans, X. siècle. 923.

Louis IV, dit d'*Outremer*, fils de Charles-le-simple, XXXIV. roi de France, régna 18 ans, X. siècle. 936.

Lothaire. XXXV. roi de France, régna 32 ans, X. siècle. 954.

Louis V, dit le *Fainéant*, XXXVI. Roi de France, régna 1 an, X. siècle. 986.

Ici commence la III.e race.

Hugues Capet, XXXVII. roi de France, âgé de 45 ans, régna 9 ans, X. siècle. 987.

Robert, *le Pieux*, XXXVIII. roi de France, âgé de 24 à 25 ans, régna 35 ans, X. siècle. 996.

Henri premier, XXXIX. roi de France, âgé de 18 ans, régna 29 ans, XI. siècle. 1031.

Philippe premier. XL. Roi de France, régna 48 ans, XI. siècle. 1060.

I

Louis VI, dit *le Gros*, XLI. roi de France, âgé de 30 ans, régna 29 ans, XII. siècle. 1108.

Louis VII, dit *le Jeune*. XLII. roi de France, âgé de 18 ans, régna 43 ans, XII siècle. 1137.

Philippe-Auguste ou *le Conquérant*, XLIII. roi de France, âgé de 15 ans, régna 43 ans, XII. siècle. 1180.

Louis VIII, surnommé *Cœur-de-Lion*, XLIV. roi de France, âgé de 36 ans, régna 3 ans, XIII. siècle. 1223.

Saint Louis, 9e du nom, XLV. roi de France, âgé de 11 ans, régna 44 ans, XIII. siècle. 1226.

Philippe le-Hardi, 3.e du nom, XLVI. roi de France, âgé de 25 à 26 ans, régna 15 ans, XIII. siècle. 1270.

Philippe-le-Bel, 4e. du nom, XLVII. roi de France, âgé de 17 ans, régna 29 ans, XIII. siècle. 1285.

Louis Hutin, dixième du nom, XLVIII. roi de France, âgé de 25 ans, régna 2 ans, XIV. siècle. 1314. *Interrègne de 5 mois.*

Philippe le-Long, cinquième du nom, XLIX. roi de France, âgé de 23 ans, régna 5 ans, XIV. siècle. 1317.

Charles-Le-Bel, quatrième du nom, L. roi de France, âgé de 26 ans, régna 6 ans, XIV. siècle. 1322.

Branches des Valois.

Philippe de Valois, sixième du nom, LI. roi de France, âgé de 36 ans, régna 22 ans, XIV. siècle. 1328.

Jean le-Bon, fils de Philippe de Valois, LII. roi de France, âgé de 30 ans, régna 14 ans, XIV. siècle. 1350.

Charles V, dit *le Sage*, LIII. roi de France, âgé de 26 ans, regna 16 ans, XIV. siècle. 1364.

Charles VI, LIV. roi de France, âgé de 12 ans, régna 42 ans, XIV. siècle. 1380.

Charles VII, dit *le Victorieux*, LV. roi de France, âgé de 26 ans, régna 39 ans, XV. siècle. 1422.

Louis XI. LVI roi de France, âgé de 39 ans, régna 22 ans, XV. siè le. 1461.

Charles VIII, dit *l Affable*, LVII. roi de France, âgé de 13 ans, régna 15 ans, XV. siècle. 1483.

Louis XII, surnommé *le Père du Peuple.* LVIII. roi de France, âgé de 36 ans, régna 17 ans, XV. siècle. 1498.

François I, surnommé le Père des Lettres, LIX. Roi de France, âgé de 21 ans, régna 32 ans, XVI. siècle. 1515.

Henri II, fils de François premier, LX. roi de France, âgé de 29 ans, régna 12 ans, XVI. siècle. 1547.

François II, fils de Henri II. LXI. roi de France, âgé de 16 ans , régna 17 mois, XVI. siècle, 1559.

Charles IX, second fils de Henri II , LXII. roi de France , âgé de 10 ans , régna 14 ans , XVI. siècle 1560.

Henri III, troisième fils de Henri II , LXIII. roi de France, âgé de 23 ans , régna 15 ans, XVI. siècle. 1574.

Branche des Bourbons.

Henri IV , dit *le Grand* , LXIV roi de France , âgé de 36 ans , régna 21 ans , XVI. siècle. 1589.

Louis XIII, dit *le Juste* , fils de Henri IV , LXV. roi de France, âgé de 9 ans, régna 33 ans , XVII. siècle. 1610.

Louis XIV , dit *le Grand* , LXVI. roi de France, âgé de 5 ans, régna 72 ans , XVII. siècle. 1643.

Louis XV , LXVII. roi de France, âgé de 5 ans, régna 59 ans , XVIII. siècle. 1715.

Louis XVI , LXVIII. roi de France , âgé de 20 ans , régna 19 ans , XVIII. siècle. 1774.

Louis XVII , LXIX. roi de France , âgé de 10 ans , régna environ deux ans , XVIII. siècle. 1793.

Napoléon-Buonaparte , nommé I consul le 3 décembre 1799 , et proclamé empereur le 18 mai 1804, a régné de fait jusqu'en 1814.

Louis XVIII , dit *le Désiré* , LXX. roi de France, âgé de 40 ans , régna 30 ans , XVIII. siècle. 1795.

Charles X, dit *le Bien-aimé* , LXXI. roi de France, âgé de 67 ans , régna 6 ans , XIX. siècle , 1824.

Louis-Philippe I , *roi-citoyen* , LXXII roi des Français, âgé de 57 ans , XIX siècle , régne depuis 1830.

PETITE
ENCYCLOPÉDIE
DE LA JEUNESSE.

De la Religion.

La religion eſt un culte que l'on rend au vrai Dieu, Créateur de tout ce qui exiſte, par le ſacrifice du cœur & de l'esprit, & par la pratique des devoirs, et des cérémonies que Dieu lui-même a enſeignés & ordonnés aux hommes par ſes Prophêtes & par Jéſus Christ. Car celui que l'on rend aux idoles n'eſt pas un vrai culte, mais une ſuperſtition & une idolâtrie. Il ne peut y avoir qu'une ſeule vraie religion pour tous les hommes, qui eſt la religion chrétienne, enſeignée par l'égliſe catholique romaine, dont J C. le fils de Dieu, eſt l'auteur, puiſqu'il n'y a qu'un ſeul Dieu & une ſeule vérité.

13

La vraie religion mife en pratique, donne
de la probité à tout le monde, de la jus-
tice aux Princes, de la fidélité aux Sujets,
de l'intégrité aux Magistrats, de la fou-
miffion aux Inférieurs, de la bonne foi dans
le Commerce & dans les Contrats, de l'u-
nion dans les Mariages, de la paix dans les
Familles, enfin de l'équité & de l'humanité
envers tous. L'irréligion produit tous les
vices contraires à ces vertus.

Des Sciences.

On appelle vulgairement *Science* un Art
particulier, par l'application qu'on a eu
a approfondir la connaiffance d'une matière, de la réduire en règles, & de la perfectionner. Ainfi l'arithmétique eft la fcience
des nombres. Mais la fcience en philofo-
phie, eft la connaiffance certaine, fondée
fur une démonftration; ainfi la géométrie,
la phyfique, la chymie, &c. feraient feules

dés fciences parce qu'elles ne sont fondées que fur des démonstrations.

Des Arts.

On comprend part les *Arts* tout ce qui fe fait par l'adreffe, l'induftrie & les règles d'invention & d'expérience.

Les arts se divifent en deux claffes : *les arts libéraux ou beaux-arts*, qui ont quelque chofe de plus diftingué & de plus savant, comme la poéfie, la mufique, la peinture, l'architecture, la sculpture, &c. On nomme *Artifte*, ceux qui les cultivent : & les arts *mécaniques* ceux qui exigent plutôt le travail de la main & du corps que celui de l'esprit, comme l'imprimerie, l'horlogerie, &c.

Des Langues.

Une langue eft une suite de fons combinés de maniére à exprimer, d'après la convention des hommes les chofes & les idées. On diftingue les langues en *langues mortes*, ou qu'on ne parle plus, comme *l'hébreu*, *le grec*, & *le latin* : et en *langues vivantes*, ou qu'on parle encore, comme le *français*, *l'anglais*, *l'italien*, &c.

De l'Ecriture.

L'écriture eſt l'art de former avec la plume les caractères de l'alphabet. Les français & les anglais font les peuples qui excellent dans cet art. Les juifs & la plupart des orientaux écrivent de droite à gauche. Les chinois écrivent de haut en bas, au lieu que partout ailleurs on écrit, comme nous, de gauche à droite.

De la Sténographie.

La sténographie eſt l'art de fixer les fons de la voix. Ses moyens confiſtent, 1.º dans la fubſtitution des formes les plus fimples de la nature aux formes compliquées de l'alphabet : 2.º dans la fuppreffion des voyelles médiantes des mots : 3.º enfin, dans la réduction en monogrammes des expreffions de la langue. L'anglais Samuel Taylor, eſt l'auteur de cette méthode, T. P. Bertin l'a adaptée à la langue françaife. C'eſt par ce procédé que les journaux nous donnent les discours des députés, les plaidoyers des avocats, &c.

De la Pafigraphie.

La Pasigraphie eft l'art d'écrire & d'imprimer une langue de manière à être lue & entendue dans toute autre langue sans traduction , comme l'indique l'étymologie du mot pafigraphie compofé de deux mots grecs , *Pafi, à tous, et grapho , j'écris.* Son inventeur eft M. Demaimieux.

De L'Imprimerie.

L'imprimerie eft l'art de tirer une empreinte fur des caractères gravés en relief. Il eft naiffant en Europe & eft en ufage dans la Chine depuis l'an 930 ; mais elle diffère en ce que les Chinois ne fe fervent que de tables de bois gravées & taillées , en forte qu'ils font autant de planches que de pages qui ne peuvent fervir que pour un même livre , au lieu que nous, ayant des lettres mobiles qu'on peut assembler & diftribuer , on forme avec un petit nombre de caractères de très-gros volumes & différens ouvrages.

Il y a deux manières d'imprimer , l'une dont nous venons de parler en caractères ou en lettres ; & l'autre en taille douce. La première fe fait fur des planches gravées en relief & la derniere fur des planches gravées en creux. Les éditions stéréotypes qui fe font depuis environ vingt-cinq ans, s'impriment fur des caractères immobiles.

De la Poëfie.

La poéfie eft l'art de réduire fous le joug de la mesure ou de la rime , des idées propres à peindre certains objets & à remuer fortement le cœur & l'esprit.

La poéfie fe divife en différens genres , favoir : la *poéfie lyrique* , qui eft celle des *odes* & des *poëmes* faits pour être chantés. La poéfie *dramatique* qui eft celle des tragédies & des comédies. La *poéfie épique* qui fait le récit des grandes actions des Dieux & des héros. La *poéfie didactique* qui traite point par point d'un art d'une science ou de tout autre sujet qu'on enseigne. La *poéfie burlesque* qui traite des fujets légers d'une manière plaifante. La *poéfie morale* , qui traite des mœurs. Et la *Poéfie facrée* , qui traite des fujets religieux.

Voici un exemple de quatre vers :

On me dit du matin au foir:
Il eft bien glorieux , dans l'âge le plus tendre,
D'apprendre & de favoir;
Mais pour favoir il faut apprendre.

De la Mufique.

La musique eft l'art qui enfeigne à faire avec des fons , des accords agréables à l'oreille , soit avec un inftrument , foit avec la voix ; mais la mufique vocale eft la plus belle , en ce qu'elle ajoute par les paroles , des idées au sentiment de l'harmonie.

De la Danse.

La danfe eft l'art de faire des pas réglés avec grace & légèreté aux fons des inftrumens ou de la voix ; elle a toujours été en ufage chez toutes les nations , même dans les cérémonies sacrées du peuple d'Israël. Elle apprend auſſi à bien marcher, & à ſe préſenter d'une manière noble & aiſée.

Du Deſſin.

Le deſſin eſt l'art de repréſenter ſur une feuille de papier, la figure ou la forme d'un corps quelconque, comme une *maiſon*, un *arbre*, ou même une *perſonne*.

De la Peinture.

La peinture eſt l'art de repréſenter les objets par le deſſin & les couleurs. Pour peindre, on ſe ſert de petits pinceaux & de broſſes. Les anciens appliquaient les couleurs avec des éponges ajoutées à un manche. Les principaux genres de peinture ſont : la peinture à l'huile, la fresque, la détrempe, la gouache, la miniature, le pastel ſur le verre, ſur l'émail & ſur la porcelaine.

De la Sculpture.

La sculpture est l'art de tailler, avec le ciseau, le marbre, la pierre, le bois, &c. pour en faire diverses représentations. On sculpte en creux, en relief, & en bas-relief. L'antiquité de cet art est prouvée, par le veau d'or des Israëlites, & principalement par les statues qui nous viennent des grecs & des romains.

De l'Architecture.

L'architecture est l'art de bâtir. Il y en a trois sortes : *l'architecture civile*, qui consiste à bâtir les maisons, les palais, les temples, &c. Elle se divise en cinq ordres, représentés dans cette figure ; savoir, *le toscan*, *le dorique*, *l'ionique*, *le corin-*

thien, *et compofite*, on y ajoute *le gothique* dont on s'eft fervi pour la conftruction des vieilles églifes. L'*Architecture militaire* qui eft l'art de bien fortifier une place ; & l'*Architecture navale* qui eft l'art de conftruire des vaiffeaux pour la guerre ou pour le commerce.

De la Lithographie.

La lithographie eft l'art de deffiner fur une efpèce de pierre, avec un mordant. On imprime ce deffin fur du papier comme on imprime les gravures fur cuivre. Cet art n'eft connu que depuis environ vingt ans.

De la Gravure.

La gravure eſt l'art de tailler, d'inciſer les métaux, la pierre, le bois, &c. avec des burins, eaux fortes, ciſeaux & autres inſtrumens, de manière que certains caractères ou images y demeurent tracés & figurés.

La gravure sur planche de cuivre qu'on appelle taille-douce fut trouvée par Maso Finiguerra, orfévre de Florence.

Des Mathématiques.

Les mathématiques ſont une science qui fait connaître les quantités & les proportions d'une manière quelconque. Elles ſe divisent en pluſieurs parties, qui ſont autant de ſciences, telles que l'*Arithmétique*, dont nous avons donné un abrégé, *la géométrie, l'astronomie, l'optique, l'algèbre, la gnomonique, la mécanique, la ſtatique, & l'hydroſtatique*, &c.

De la Géométrie.

La géométrie eſt une science qui en-
ſeigne à meſurer la matière dans toutes
ſes dimenſions. Ce mot ſignifie *l'art de
méſurer la terre.* On diviſe la géométrie
en trois parties principales ; ſavoir : la
planimétrie, qui eſt la ſcience de mesurer
les ſurfaces ; la *longimétrie* qui eſt celle de
meſurer les longueurs , & la *ſtéréométrie*
qui eſt l'art de meſurer les ſolides.

De l'Optique.

L'optique explique pourquoi les objets
nous paraiſſent plus grands ou plus petits ,
diſtincts ou confus , proches ou éloignés.
Elle apprend pourquoi les uns voient de
loin , & les autres de près.

De la Mécanique.

La mécanique eſt une ſcience qui fait
partie des mathématiques , & qui enſeigne la nature des forces mouvantes ; l'art
de faire toutes ſortes de machines , &
d'enlever toutes ſortes de poids par le
moyen des Léviers , coins, poulies , mou-
fles , crics , &c.

De la Cosmographie.

La cosmographie est la description de l'univers. Ce mot, composé de deux mots grecs, signifie en effet *Description du monde*, elle nous enseigne sa construction, sa figure, &c. La cosmographie se divise en deux parties ; savoir : *l'astronomie*, qui fait connaître le ciel, les astres, &c. page 146, et la *géographie*, qui nous fait connaître la terre et ses divisions, pag. 154.

De l'Agriculture.

L'agriculture est l'art de cultiver la terre pour lui faire produire les fruits qui nourrissent les hommes C'est la science de gouverner les biens de la campagne. L'agriculture est l'art le plus utile à la société ; c'est elle qui nous nourrit, qui fournit des arbres pour la construction des maisons, des vaisseaux, &c. Elle est la source des véritables biens qui suffisent à la nécessité, & forment le principal revenu de l'état.

Du Commerce.

Le commerce est l'art d'acheter, de vendre ou d'échanger des marchandises, &c., avec bénéfice. Il est presque aussi ancien que le monde. Avant que les monnaies fussent inventées, il consistait dans les changes des choses nécessaires à la vie, comme cela se pratique encore aujourd'hui en Laponie, en Sibérie, & chez quelques peuples de l'Asie, de l'Afrique & de l'Amérique. Celui qui fait le commerce s'appelle négociant ; pour être bon négociant il faut connaître l'*arithmétique*, *le cours des changes*, *la tenue des livres*, *les poids & mesures*, & même la langue des pays où on a une correspondance suivie.

De la Navigation.

La navigation est la science de la marine & l'art de conduire un vaisseau sur les mers, par le secours des vents, des voiles, de la boussole, du gouvernail, des cartes marines, & des observations astronomiques au moyen desquelles on peut juger de la position où l'on est & de la direction qu'il faut suivre pour arriver où l'on a dessein d'aller. On appelle aussi navigation l'art de conduire des bâteaux sur les rivières, les fleuves, &c. Ce qui est moins difficile & ne demande pas autant d'instruction.

De l'Histoire.

L'histoire est le récit fidèle des faits & des événemens passés. Elle se divise en

hiftoire sacrée qui eft celle de ce qui s'eft
passé par rapport à la vraie religion & au
culte de Dieu , parmi les patriarches &
les juifs ; puis parmi les chrétiens , depuis
le commencement du monde jusqu'à préfent ; & en hiftoire profane qui traite des
affaires d'état , des guerres , des gouver-
nemens , des mœurs , des cérémonies re-
ligieufes , des ufages , des fciences , des
arts, &c. , chez les nations anciennes &
modernes.

De la Politique.

La politique eft fa fcience de bien gouverner un état : elle confifte à ne rien faire
qui ne foit jufte & utile. Toute autre politique eft fauffe et funefte.

De la Mythologie.

La mytholo-
gie eft l'expli-
cation de la
fable & de la
religion des
païens , qui
n'était qu'une
copie altérée
de l'hiftoire fainte. Elle confiftait en l'ado-

ration des faux dieux qu'ils avaient ima-
ginés , & à qui ils avaient donné différens
attributs.

Les sept merveilles du Monde.

Les sept merveilles du monde , sont
sept monumens qui ont excité de tout
temps une admiration générale. Ce sont :
les Murs de Babylone , les Pyramides d'E-
gypte , Jupiter Olympien , le Mausolée , le
Temple de Diane à Ephèse , le Colosse de
Rhodes , le Phare d'Alexandrie.

De l'Histoire naturelle.

C'est la connaissance suivie de ce que
produit la nature, avant que l'homme s'en
soit emparé pour le mettre en œuvre : on
la divise en trois grandes parties, à l'exemple de la nature qui se divise ainsi ; savoir :
les substances sans organes , telles que les
mines , les minéraux , &c., dont la science

s'appelle Minéralogie ; *les substances orga-niques qui végètent*, telles que les plantes, dont l'étude est nommée *Botanique* ; & les *substances organiques qui vivent*, telles que les animaux, cette dernière étude s'appelle *Zoologie*.

De la Minéralogie.

La Minéralogie est la connaissance des minéraux & de la manière de les tirer du sein de la terre ; il y en a de deux sortes : ceux qui peuvent se fondre, ou se forger, qu'on appelle métaux & qui sont au nombre de sept, savoir ; *l'or*, *l'argent*, *le cuivre*, *l'étain*, *le plomb*, *le fer*, & *le mercure* ; & ceux qui n'ont que l'une ou l'autre de ces propriétés qu'on appelle minéraux, tels, que les *cailloux*, les *pierres*, &c.

De la Botanique.

La botanique est la connaissance des végétaux, celle de leur structure, de leur usage, de leur situation, de leurs proportions, de leurs organes & l'art de les distinguer & de les décrire.

Tout l'univers eſt abſolument couvert de plantes, & chaque pays produit celles qui lui ſont propres. Les botaniſtes en portent le nombre à plus de vingt-cinq mille qu'ils claſſent d'après différentes méthodes qu'ils ont imaginées.

De la Zoologie.

La Zoologie eſt l'hiſtoire de la vie & des mœurs des animaux. Ce mot, dérivé du grec, veut dire, *Diſcours sur les animaux.* On diviſe les animaux en ſix claſſes, qui offrent des formes, une exiſtence & des mœurs tout-à-fait différentes les unes des autres ; 1.º les *mammifères*, ou animaux à mamelles ; 2.º *les oiſeaux* ; 3.º *les amphibies* ; 4.º *les poiſſons* ; 5.º *les inſectes* ; 6.º *les vers ou reptilles.* Les mammifères, ſe diviſent enſuite en cinq ordres : les oiſeaux en ſix ; les poiſſons en cinq ; les inſectes en ſept ; & les vers en ſix.

De la Médecine.

La médecine eſt l'art de conſerver la ſanté, & de la rétablir lorsqu'elle eſt altérée : elle se divise en trois parties princi-cipales, qui sont la *physiologie*, qui traite de la constitution du corps-humain en général ; la pathologie qui s'occupe des maladies ; & la thérapeutique qui recherche les remèdes propres à la guérison.

Un bon médecin doit connaître l'anatomie, la chirurgie, la chymie, la pharmacie, la botanique.

De la Chirurgie.

La chirurgie est la partie de la médecine qui consiste à opérer sur le corps humain ; c'est elle qui guérit les plaies, rétablit les fractures, &c. On la divise en théorique qui donne les préceptes généraux pour traiter les maladies, en pratique qui enseigne à mettre en usage les préceptes de la théorie.

De l'Anatomie.

L'anatomie est la science qui donne la connaissance du corps humain, par la dissection ; c'est-à-dire, en suivant soigneusement la route des artères, des nerfs, des muscles, etc. en examinant la charpente

des

des os après en avoir enlevé les chairs. L'anatomie eſt la baſe de la médecine & & de la chirurgie.

De la Chimie.

La chimie eſt l'étude des corps de la nature, mais ſous un autre point de vue que l'hiſtoire naturelle ; elle s'occupe de l'intérieur & des combinaiſons. Il ne faut pas non plus la confondre avec la phyſi-que qui s'occupe des dehors & des maſſes. Elle employe deux moyens dans ſes tra-vaux, l'analyſe ou diviſion, & la syn-thèſe ou compoſition. Elle a rendu de grands ſervices à tous les arts & aux ma-nufactures par ſes découvertes.

De la Pharmacie.

La pharmacie eſt une des principales par-ties de la médecine. C'eſt un art qui en-ſeigne à connaître, choiſir, préparer et mêler les médicamens. La connaiſſance

K

des drogues fimples eft cette partie de l'hiſtoire naturélle que l'on nomme matière
médicale. La pharmacie enſeigne comment
on doit choiſir les médicamens , en quel
temps il faut se les procurer , la manière
de les sécher & de les conſerver. La pré-
paration enseigne comment il faut préparer les médicamens fimples avant de les
employer : & la mixtion enseigne à mêler
les drogues fimples pour en former des médicamens compoſés. On voit que la chimie
lui eft abſolument néceſſaire.

De l'Éloquence.

L'éloquence eft l'art de bien dire , &
le talent de convaincre & de perfuader.
On parvient à convaincre par les preuves
& la manière de les préſenter ; on per-
fuade au moyen des mouvemens oratoires
& des ornemens du langage. La ſcience
qui enſeigne les principes de l'éloquence
s'appelle la *Rhétorique* , ou l'art de former
un orateur.

De la Philosophie.

Le mot philosophie qui vient du grec, signifie *amour de la sagesse*. C'est l'étude de la nature & de la morale, fondée sur l'observation, l'expérience, & le raisonnement. On la divise en quatre parties, savoir : la *logique*, qui est l'art de bien conduire sa raison, la *morale*, qui enseigne à régler ses mœurs suivans les principes de la vertu, la *physique*, qui est une science d'observation, qui fait parvenir l'homme jusqu'à Dieu, & la *métaphysique*, qui traite de Dieu, de l'ame, des opérations de l'esprit & enfin des choses immatérielles ou intellectuelles.

De la Jurisprudence.

La jurisprudence est la science du droit ou des lois : c'est la connaissance des principes, des coutumes, des ordonnances que l'on suit dans chaque pays ou dans chaque tribunal, pour rendre la juſtice. On la diviſe généralement en *droit naturel*, qui eſt la loi naturelle, invariable & uniforme chez toutes les nations ; en *droit des gens*, qui eſt une juriſprudence dictée par la raiſon & obſervée entre les peuples policés, & en *droit civil*, qui eſt fondé ſur les lois et les coutumes que quelque nation a établies, pour en être gouvernée.

De la Théologie.

La Théologie, qu'il faut bien diſtinguer de la théologie métaphyſique, dont nous avons parlé à l'article philoſophie, traite auſſi de l'eſſence, des perfections de Dieu et de la connaiſſance des choſes divines ; mais elle prend principalement pour baſes les ſaintes écritures, les déciſions des pères de l'Egliſe, des conciles, etc.

INSTRUCTION

Pour les perſonnes qui enſeignent à lire.

A peine les enfans ſavent-ils lire qu'on leur apprend à réciter des fables. En voici quelques-unes qu'on pourra leur faire lire en attendant de leur mettre entre les mains, celles de la Fontaine, Florian, Fénélon, &c.

Comme c'eſt une choſe très-difficile que de bien lire les vers, c'eſt aſſez pour les enfans d'un âge tendre & qui n'ont encore que de la mémoire, qu'ils ſachent s'arrêter aux endroits où finit le ſens, & qu'on les habitue à bien prononcer, bien articuler les mots, & diſtinguer le ſens de chaque phraſe, ſuivant les repos qui y ſont ménagés, & non pas ſeulement ſuivant la meſure des vers & la chute des rimes ; alors on doit être content d'eux : c'eſt tout ce qu'on peut raiſonnablement leur demander.

Nous avons ajouté aux fables, *le récit de la mort d'Hyppolite*, pour les exercer dans un genre plus élevé.

K 3

FABLES.

L'ENFANT MIS SUR LA TABLE.

Un enfant s'admirait monté sur une table.
Je suis grand, disait-il. Quelqu'un lui répondit :
Descendez, vous serez petit.
Quel est l'enfant de cette fable ?
Le riche qui s'énorgueillit.   BARBE.

LE VIOLON CASSÉ.

Un jour tombe et se brise un mauvais violon ;
On le ramasse, on le recolle,
Et de mauvais il devient bon.
L'adversité souvent est une heureuse école.
THÉVENEAU.

LE SOLEIL ET LA POUSSIÈRE.

Soleil, je t'obscurcis, disait en s'élevant
Un amas de poussière agité par le vent.
Oui, dit le soleil, je l'avoue ;
Mais le calme venu tu rentres dans la boue.

LE VER LUISANT.

Un ver luisant errait sur de vertes charmilles ;
La flèche d'un serpent lui déchire le sein.
Que t'ai-je fait, dit-il, misérable assassin ?
—Tu brilles.   MOLLEVAUT.

LA RENONCULE ET L'ŒILLET.

La renoncule un jour dans un bouquet
Avec l'œillet se trouva réunie :
Elle eut le lendemain le parfum de l'œillet...
On ne peut que gagner en bonne compagnie.
BÉRENGER.

LE SAULE ET LA RONCE.

Le saule dit un jour à la ronce rampante :
Aux passans pourquoi t'accrocher ?
Quel profit, pauvre sotte, en comptes-tu tirer ?
Aucun, lui répondit la plante ;
Je ne veux que les déchirer.   LEBAILLY

L'HOMME ET L'ÉCHO.

Un médisant accusait les échos ;
   Un médisant ! je le ménage :
   Le ciel, disait-il dans sa rage,
Puisse-t-il les punir de leurs mauvais propos !
Que d'ennemis je dois à leur langue indiscrette!
   Tout, jusqu'à mes moindres discours,
   Devient article de gazette.
M'échappe-t-il un mot, il se trouve toujours
   Un chien d'écho qui le répète.
Ami, répart l'écho, faut-il s'en prendre à nous !
Je répète, il est vrai : mais pourquoi parlez-vous !
ARNAULT.

LA TRUIE ET LA LIONNE.

La truie à la lionne adressa ce langage :
   Hélas ! selon ce que je vois,
   Vous n'êtes guère heureuse en mariage ;
J'ai toujours force enfans, et vous, à chaque fois
   Vous n'en avez qu'un, pauvre mère !
—Qu'un. mais c'est un lion, lui dit la bête fière.
   Bien répondu ? que fait la quantité !
La valeur d'une chose est dans la qualité
GUICHARD.

L'OFFRE TROMPEUSE.

   Sur la porte d'un beau jardin
Ces mots étaient gravés : *Je donne ce parterre*
A quiconque est content. Voila bien mon affaire,
Dit un homme tout bas ; j'ai droit a ce terrein.
   Plein de joie il s'adresse au maître :
« Pour m'établir ici vous me voyez paraître ;
   » Je suis content de mon destin. »
Le seigneur répondit : « Cela ne saurait être ;
   » Qui veut avoir ce qu'il n'a pas
 » N'est point content : retournez sur vos pas. »
BARBE.

LA DOULEUR ET L'ENNUI.

   Mourant de faim, un pauvre se plaignait ;
Rassasié de tout, un riche s'ennuyait ;
   Qui des deux souffrait davantage ?
Ecoutez sur ce point la maxime d'un sage :
   De la douleur et de l'ennui
   Connaissez bien la différence :
L'ennui ne laisse plus de désirs après lui ;
Mais la douleur près d'elle a toujours l'espérance.
HOFFMAN

LE FAUCON MALADE.

Un faucon qui croyait les dieux muets et sourds,
 Etant à son heure dernière,
D'un lamentable ton sollicita sa mère
D'aller en sa faveur implorer leur secours.
—*Mon enfant*, lui dit-elle en mère habile et sage,
 Pendant que tu te portais bien,
 Tu disais qu'ils ne pouvaient rien ;
 Ils ne peuvent pas davantage   BOURSAULT

LE MALADE ET LE CHIRURGIEN.

Un malade avait un ulcère
Qui lui faisait souffrir les plus vives douleurs.
 Emplâtres de toutes couleurs
Etaient bien employés ; mais on avait beau faire:
 Ils étaient employés en vain.
 Le mal allait toujours son train :
Il fallut se résoudre à couper la chair vive.
On fait donc avertir un maître opérateur,
Fameux chirurgien , habile découpeur,
Qui retirait les gens de la fatale rive.
 Notre homme sur le champ arrive,
Tire ses instrumens , fait maint préparatif,
Et met enfin la main sur la triste victime.
D'abord elle tint bon ; mais quand on fut au vif,
Du malade aussi-tôt la colère s'anime ;
 Il roule des yeux furieux,
 Et parmi ses transports fougueux,
Contre son bienfaiteur il vomit mille injures ,
 L'accable de paroles dures,
Le traite de cruel, de bourreau , d'assassin.
L'opérateur pourtant va toujours son chemin:
 Met l'appareil sur la blessure ,
Et donne des moyens pour achever la cure.
Tout réussit au mieux , & l'homme estropié
 Dans huit jours se trouva sur pied.
Son bienfaiteur alors vint lui rendre visite.
 Voici , lui dit-il , l'assassin

Qui l'autre jour fur vous ofa porter la main:
Il vient fubir ici la peine qu'il mérite.
Ah! que dites-vous là, lui répondit foudain
Le malade animé par la reconnaiffance :
Ne me reprochez plus ces mots que la douleur
  M'arracha par fa violence.
Je fens que je vous dois, hélas! tout mon bonheur:
  Je fens que fans votre rigueur
  J'aurais traverfé l'onde noire :
Vous ferez à jamais préfent à ma mémoire;
  Vous vivrez toujours dans mon cœur.
  « La rigueur d'un maître févère
» Quand nous fommes enfans, nous choque & nous déplaît,
» Mais quand la raifon nous éclaire,
» Nous voyons qu'elle eft un bienfait. »

LE SERIN,

Un férin que le fort avait fait prifonnier
  Ne pouvait pas fouffrir la cage.
En vain on lui difait que ce doux efclavage
  Le délivrait de l'épervier.
  En vain pour lui plein de tendreffe,
  Son maître s'occupait fans ceffe
A lui faire oublier l'ennui de fa prifon.
En vain il le formait avec la férinette,
  Le nourriffait à la brochette,
  Le régalait de maint bonbon,
  Lui traçait dans un payfage,
Des arbres & des champs une fidele image;
Tout cela ne put rien fur l'oifeau dégoûté.
Le drôle n'en voulait qu'à la réalité.
Car enfin, difait-il en fon petit langage;
  Cet appareil eft bel & bon :
Mais de quelque ornement que l'on pare ma cage,
Elle n'eft, après tout, qu'une belle prifon.
La liberté, voilà ma feule paffion.
Tandis que dans lui-même il parlait de la forte,
Le maître vient le voir, & par un cas fortuit,
Après avoir garni fa cage d'un bifcuit;
Il oublie en partant d'en refermer la porte.

On juge bien que le reclus
Ne rappella point son *Argus* ;
Pour lui donner avis de son inadvertance ;
Mais profitant soudain de cette circonstance ;
Sans tarder un moment, sans faire ses adieux,
Loin de son manoir odieux
Il s'enfuit d'une aile légère.
Le voilà donc enfin au comble de ses vœux,
Loin d'un maître à son gré, trop dur & trop sévère ;
Il comptait, l'insensé, dans ce nouvel état,
Jouir d'un destin plus prospère ;
Mais il comptait sans un vieux chat,
Qui sur un toit voisin étant en sentinelle,
Au moment qu'il battait de l'aîle,
Vous le croque en guise d'un rat.
» Défions-nous de l'appas agréable
» Que nous offre la liberté.
» Souvent en terminant notre captivité,
» Elle rend notre sort encor plus déplorable. »

LES BERGERS,

GUILLOT criait au loup un jour par passe temps.
Un tel cri mit l'alarme aux champs.
Tous les bergers du voisinage
Coururent au secours : Guillot se moqua d'eux ;
Ils s'en retournèrent honteux,
Pestant contre son badinage,
Mais rira bien qui rira le dernier :
Deux jours après un loup avide de carnage,
Un véritable loup cervier,
Malgré notre berger & son chien faisait rage,
Et se ruait sur le troupeau.
Au loup, s'écria-t-il, au loup : tout le hameau
Rit à son tour : à d'autres, je vous prie,
Répondit-on : l'on ne nous y prend plus.
Guillot le goguenard fit des cris superflus:
On crut que c'était fourberie.
« Un menteur n'est point écouté,
« Même en disant la vérité. »

RÉCIT

DE LA

MORT D'HYPPOLITE,

A peine nous fortions des portes de Trezène;
Il était fur fon char : fes gardes affligés
Imitaient fon filence autour de lui rangés.
Il fuivait tout penfif le chemin de Mycènes.
Sa main fur les chevaux laiffait flotter les rênes,
Ses fuperbes courfiers, qu'on voyait autrefois
Pleins d'une ardeur fi noble obéir à fa voix,
L'œil morne maintenant & la tête baiffée;
Semblaient fe conformer à fa trifte penfée.
Un effroyable cri, forti du fonds des flots,
Des airs en ce moment a troublé le repos;
Et du fein de la terre une voix formidable
Répond en gémiffant à ce cri redoutable.
Jufqu'au fond de nos cœurs notre fang s'eft glacé.
Des courfiers attentifs le crin s'eft hériffé,
Cependant, fur le dos de la plaine liquide,
S'élève à gros bouillons une montagne humide:
L'onde approche, fe brife, & vomit à nos yeux,
Parmi les flots d'écume, un monftre furieux.
Son front large eft armé de cornes menaçantes;
Tout fon corps eft couvert d'écailles jauniffantes:
Indomptable taureau, dragon impétueux,
Sa croupe fe recourbe en replis tortueux:
Ses longs mugiffemens font trembler le rivage.
Le ciel avec horreur voit ce monftre fauvage:
La terre s'en émeut, l'air en eft infecté.
Le flot qui l'apporta, recule épouvanté.
Tout fuit; & fans s'armer d'un courage inutile,
Dans le temple voifin, chacun cherche un afyle.
Hyppolite lui feul digne fils d'un héros,
Arrête les courfiers, faifit fes javelots,
Pouffe au monftre; &, d'un dard lancé d'une main fûre,
Il lui fait dans le flanc une large bleffure.

De rage & de douleur le monſtre bondiſſant
Vient aux pieds des chevaux tomber en mugiſſant,
Se roule, & leur préſente une gueule enflammée,
Qui les couvre de feu, de ſang & de fumée.
La frayeur les emporte ; &, ſourds à cette fois,
Ils ne connaiſſent plus ni le frein ni la voix.
En efforts impuiſlans leur maître ſe conſume,
Ils rougiſſent le mors d'une ſanglante écume.
(On dit qu'on a vu même, en ce déſordre affreux,
Un dieu, qui d'aiguillons preſſait leur flanc poudreux.)
A travers les rochers la peur les précipite.
L'eſſieu crie & ſe rompt. L'intrépide Hyppolite
Voit voler en éclats tout ſon char fracaſſé.
Dans les rênes lui-même il tombe embarraſſé.
Excuſez ma douleur. Cette image cruelle
Sera pour moi de pleurs une ſource éternelle.
J'ai vu, Seigneur, j'ai vu votre malheureux fils
Traîné par les chevaux que ſa main a nourris.
Il veut les rappeller, & ſa voix les effraie.
Ils courent. Tout ſon corps n'eſt bientôt qu'une plaie,
De nos cris douloureux la plaine retentit.
Leur fougue impétueuſe enfin ſe ralentit.
Ils s'arrêtent, non loin de ces tombeaux antiques,
Où des rois ſes aïeux ſont les froides reliques.
Je cours en ſoûpirant, & ſa garde me ſuit.
De ſon généreux ſang la trace nous conduit.
Les rochers en ſon teints, les ronces dégoûtantes
Portent de ſes cheveux les dépouilles ſanglantes.
J'arrive, je l'appelle ; & me tendant la main,
Il ouvre un œil mourant, qu'il referme ſoudain ;
« Le ciel, dit il, m'arrache une innocente vie.
« Prends ſoin après ma mort de la triſte Aricie.
» Cher ami, ſi mon père un jour déſabuſé
» Plaint le malheur d'un fils fauſſement accuſé,
» Pour apaiſer mon ſang & mon ombre plaintive;
» Dis-lui qu'avec douceur il traite ſa captive,
» Qu'il lui rende... » A ce mot ce héros expiré
N'a laiſſé dans mes bras qu'un corps défiguré,
Triſte objet, où des dieux triomphe la colère,
Et que méconnaîtrait l'œil même de ſon père.

FIN.

compétence, pourquoi l'exposant a recours à l'autorité de notre Cour, à ce qu'il lui plaise le décharger
de la signification qui lui a été commise au Présidial
de Coutances, faire défenses aux parties de procéder
sur ledit appel de l'exécutoire décerné par le Baillif
de Periers le vingt Octobre dernier ailleurs qu'en
notre Cour, suivant & aux termes de l'assignation
du dix Décembre dernier, à peine de nullité & de
cassation de procédure. Vu par notre Cour ladite requête signée Quilleau Procureur, pièces y attachées
& énoncées, ensemble les présentations & perquisi-
tions par lui faite au Greffe de notredite Cour. Con-
clusions de notre Procureur-Général & » oui le rap-
» port du Sieur Vigneral, Conseiller Commissaire.
» Tout considéré. NOTREDITE COUR a déchargé
» & décharge ledit le Planquais de l'assignation à lui
» commise au Présidial de Coutances; fait défenses
» aux parties d'y procéder sur ledit appel ni ailleurs
» qu'en notre Cour, au terme de l'assignation du dix
» de Décembre dernier, à peine de nullité, cassa-
» tion de procédure & de tous dépens, dommages
» & intérêts, pour ce est-il que nous te mandons
» faire pour l'exécution du présent tous exploits à ce
» nécessaire, &c. Donné à Rouen en Parlement le
» 14 Janvier l'an de grace 1754, & de notre règne
» le trente-neuvième, &c.

Arrêt du Grand-Conseil du 5 Mars 1756, confirmatif
de la Sentence ci-dessus.

LOUIS, par la grace de Dieu, Roi de France
& de Navarre · A tous ceux qui ces présentes

www.ingramcontent.com/pod-product-compliance
Lightning Source LLC
Chambersburg PA
CBHW061017280326
41935CB00009B/1006